La philosophie est une réflexion pour qui toute matière étrangère est bonne, et nous dirions volontiers pour qui toute bonne matière doit être étrangère.

Georges Canguilhem

Déjà vu

Essai sur le retard de la création au cinéma

dans la même collection

Pierre Cassou-Noguès, *Une Histoire de machines, de vampires et de fous*, 2007.

Guillaume le Blanc, *Les Maladies de l'homme normal*, 2007.

Jean-Michel Salanskis, *Territoires du sens*, 2007.

Alexandru Dragomir, *Banalités métaphysiques*, 2008.

Mauro Carbone, *Proust et les idées sensibles*, 2008.

Olivier Schefer, *Variations nocturnes*, 2008.

Alexandru Dragomir, *Cahiers du temps*, 2010.

Christophe Genin, *Kitsch dans l'âme*, 2010.

Roberto Diodato, *Esthétique du virtuel*, 2011.

Mauro Carbone, *La Chair des images : Merleau-Ponty entre peinture et cinéma*, 2011.

Michel Malherbe, *D'un pas de philosophe en montagne*, 2012.

Pietro Montani, *Bioesthétique. Sens commun, technique et art à l'âge de la globalisation*, 2013.

Jean-Philippe Pierron, *Mythopées. Un portrait de la modernité tardive*, 2014.

Marc Berdet, *Chiffonnier de Paris. Walter Benjamin et les fantasmagories*, 2015.

Michael J. Sandel, *Contre la perfection. L'éthique à l'âge du génie génétique*, 2016.

Andrea Pinotti, *L'empathie. Histoire d'une idée de Platon au posthumain*, 2016.

Fritz Heider, *Chose et medium*, 2017.

Emin Boztepe, *Philosophie des arts martiaux modernes*, 2017.

Chantal Jaquet, *Philosophie du kôdô 香道. L'esthétique japonaise des fragrances*, 2018

Laurent Bove, *Pieter Bruegel. Le tableau ou la sphère infinie. Pour une réforme théologico-politique de l'entendement*, 2019.

Eric Trémault, *Structure et sensation. Une critique de la psychologie de la forme*, 2020.

Jean-Baptiste Vuillerod, *Hegel féministe. Les aventures d'Antigone*, 2020.

Roland Breeur, *Au tour de l'imposture*, 2021.

Laurent VAN EYNDE

Déjà vu

Essai sur le retard de la création au cinéma

VRIN

Matière Étrangère

Directeurs de collection :
Bruce Bégout et Étienne Bimbenet

Imprimé en France
ISSN 1961-8336
ISBN 978-2-7116-3052-3
www.vrin.fr

Pour Aurélia et Clara, à nouveau,
Inséparables qui prennent leur envol.

Je tiens à remercier les collègues et amis qui ont accepté de lire cet essai, en tout ou en partie. Leurs remarques et conseils m'ont été infiniment précieux. Sébastien Laoureux fut mon premier lecteur, bientôt suivi de Natacha Pfeiffer, Martin Mees, Isabelle Willems, Augustin Dumont, Sylvaine Gourdain, Julien Zanetta et enfin Anaëlle Impe, laquelle a consacré beaucoup de temps et d'énergie à une ultime relecture aussi intelligente que scrupuleuse, dont je lui suis profondément reconnaissant.

Merci à Etienne Bimbenet et Bruce Bégout qui ont accepté de m'accueillir dans la collection « Matière étrangère » dont ils assument la direction.

Merci également à Hugues Dayez, critique de cinéma, pour ses encouragements.

J'ai aussi eu la chance de pouvoir nourrir ces pages des échanges avec mes étudiants, que ce soit dans le cadre de mon cours de « Philosophie de l'art et de la littérature » à l'Université Saint-Louis – Bruxelles, ou dans le cadre de mon cours de « Cinéma et philosophie » à l'Université de Namur. Leurs questions et leurs remarques m'ont permis de clarifier mon propos.

Enfin, pas une ligne n'aurait été écrite sans Aurélia et Clara, dont les obsessions cinéphiles toujours bien ciblées m'ont conduit à voir et revoir *La La Land*…

introduction
mélancolie de la citation

Je prétends consacrer les pages de ce petit livre à une philosophie du cinéma. Plus précisément, il s'agit pour moi d'aborder le cinéma comme un interlocuteur de la philosophie, bien plus que comme une simple ressource disponible, réduite à une fonction illustrative, ou comme un objet de théorisation parmi tant d'autres. Ce statut d'interlocuteur implique donc pour le cinéma un statut d'alter ego de la philosophie. *Alter* ego. Il s'agit bien de considérer le cinéma dans son altérité, et même pour une part son étrangeté par rapport aux catégories, concepts et modes de penser de la philosophie. Bien sûr, le risque est constant – et exige en réponse une vigilance qui l'est tout autant – de réduire cette altérité, d'imposer du trop bien connu philosophique. En commettant cette erreur, j'imposerais le silence à mon interlocuteur et je m'en trouverais d'autant plus appauvri dans ma recherche, perdant cette *matière étrangère* que m'apporte l'image en mouvement.

Or, pour maintenir et même rendre toujours plus vive une matière étrangère, il n'est de plus sûr moyen que de la multiplier, de l'approcher à travers d'autres étrangetés encore, d'autres altérités par rapport au discours philosophique. Me permettra-t-on dès lors de ne pas parler tout de suite de cinéma mais d'introduire mon propos par un détour en d'autres matières, livresques celle-là, et en un autre temps que celui de l'image en mouvement? Une matière qui est aussi bien étrangère à elle-même tant elle se creuse et s'épaissit tout à la fois en ménageant une place presque envahissante à d'autres corps étrangers en elle.

En 1621 paraît la première édition du monumental ouvrage *Anatomy of Melancholy* de Robert Burton – théologien, bibliothécaire, savant, lettré établi à demeure dans le prestigieux Collège de Christ Church à Oxford, conservateur de la riche bibliothèque de celui-ci. Ce livre est l'une des étapes importantes dans l'histoire de la théorisation moderne de la mélancolie, alors souvent appelée le « mal anglais ». Certes, les réflexions antiques et médiévales sur la « bile noire » furent abondantes, et Burton les mobilise et les discute très largement. Bien sûr, la Renaissance et la modernité, avant le baroquisme de Burton, avaient fait évoluer la notion, que ce soit en image – avec la célèbre *Melencolia I* de Dürer en 1514 –, ou déjà en traité – avec *A Treatise of Melancholie* de Timothy Bright en 1586, que lut Shakespeare. Mais au-delà d'un simple traité sur un mal obscur, l'*Anatomy of Melancholy* de Burton apparaît comme « l'un des grands textes de la littérature anglaise » et « un livre-source, trésor de langage pour les écrivains »[1].

Voilà d'abord ce qui me retient ici : la qualité et l'originalité de l'écriture de Burton. Cette écriture a pu être qualifiée à bon droit de baroque – et pas seulement pour des raisons de contexte historique. Elle est certainement polymorphique, abondante, réflexive, ironique. Mais ce qui nourrit toutes ces qualifications et les justifie, c'est la pratique aussi complexe qu'obsessionnelle de la citation et de la référence. Reportons-nous à la très longue adresse au lecteur de cet auteur qui, usant d'un pseudonyme qui est déjà en lui-même une référence, s'avance masqué sur le théâtre du monde : « Démocrite Junior au lecteur »[2]. Prétendant à un rapport symbolique de filiation avec le premier philosophe mélancolique de l'Antiquité, Burton explicite et

1. J. Starobinski, « L'anatomie de la mélancolie », dans *L'encre de la mélancolie*, Paris, Seuil, 2012, p. 186 et p. 187. Cet essai de Starobinski constitue également la préface de la traduction française intégrale, par Bernard Hœpffner, de *Anatomy of Melancholy* à laquelle je me réfèrerai pour le texte même de Burton : R. Burton, *Anatomie de la mélancolie*, 2 volumes, trad. fr. de B. Hœpffner, Paris, José Corti, 2000.

2. *Cf.* R. Burton, *Anatomie de la mélancolie*, *op. cit.*, p. 17-21.

pour ainsi dire théorise son rapport à la citation. Ainsi avoue-t-il : « J'ai laborieusement compilé ce centon à partir de divers auteurs, et, *sine injuria*, je n'ai fait de tort à personne et j'ai rendu à chacun ce qui lui appartenait, ce que Jérôme apprécie tant chez Népotien, qui n'a pas, comme certains le font de nos jours en dissimulant le nom de leurs auteurs, volé de strophes, de pages, de traités entiers, mais qui a toujours mentionné : *ceci appartient à Cyprien, cela à Lactance, cela à Hilaire, voilà ce qu'a écrit Minucius Felix, Victorin, ceci est d'Arnobe*; je cite mes auteurs et donne leurs noms [...], *j'ai emprunté et non dérobé*, et ce que Varon nous dit des abeilles, *elles font peu de mal et ne gênent personne en butinant*, je peux le dire de moi-même : à qui ai-je nui? La matière première provient en grande partie de tous ces auteurs, et pourtant elle est mienne, *on voit où cela a été pris* (ce que Sénèque approuve), *et pourtant apparaît autre chose que l'endroit d'où cela vient*; la nature n'agit pas autrement avec les aliments qui nourrissent nos corps, elle les incorpore, les digère, les assimile, et moi, après avoir *digéré ce que j'ai avalé*, je dispose de ce que j'ai pris. [...] *On ne dit rien qui n'a déjà été dit, seule la méthode montre l'artisan*, la composition est la nôtre et révèle l'homme de lettres »[1].

Que l'on me pardonne cette très longue citation, mais il est impossible de faire entendre le texte et le style de Burton sans lui concéder les latitudes qu'il crée, qu'il exige et qu'il déploie tout au long de son cours. C'est que lorsque Burton nous explique que son style consiste à citer, il ne peut le faire qu'en citant encore – en mobilisant et ordonnançant ses sources qui le justifient, en somme, de citer et donc de *les* citer. C'est ainsi que toutes les phrases ou parties de phrase qui se trouvent en italique dans ce passage sont elles-mêmes des citations, attribuées par Burton en notes à Tite-Live, Horace, Saint Augustin etc. (notes que je n'ai pas reproduites ici pour ne pas surcharger le texte). Burton ne peut mieux écrire qu'il écrit à partir d'autres et que l'explicitation de ce style appartient encore au style même de la citation.

1. *Ibid.*, p. 31-32.

Mais Burton est tout aussi conscient qu'il est au plus près du piège de la répétition. Est-ce bien un piège, cependant? Les lignes que je viens moi-même de citer paraissent revendiquer la spécificité de la parole qui cite, la marque de l'artisan. Or, cette revendication sonne dans le même temps comme une défense ou une réponse à tout qui reprocherait à l'auteur de s'enliser dans la pure répétition. La défense trahit le bien-fondé de l'attaque. Et le style réflexif et foisonnant de l'adresse au lecteur est aussi bien lucide sur les dangers qu'il fait courir. Voici ce qu'écrit Burton : « Mais certes, me direz-vous, c'est là *refaire ce qui est déjà fait*, une tâche inutile, c'est *servir du chou réchauffé*, dire encore et encore la même chose en d'autres mots; à quelle fin? [...] Ici, rien de neuf, ma contribution a été volée à d'autres, *ma page me dit : "tu es un voleur"*. [...] À la barre, je lève la main avec les autres car je suis coupable de ce type de crime, *vous avez l'aveu de l'accusé*, être condamné avec les autres me satisfait. Il est tout à fait vrai que *nombreux sont ceux que tient la maladie incurable d'écrire* et *il n'y a point de fin à multiplier les livres*, comme le disait déjà le vieux sage »[1]. Et un peu plus loin, s'il suspend l'accusation du « vol » caractérisé, ce n'est que pour s'interroger encore plus cruellement sur le sens profond de son entreprise – comme celles des autres « écrivassiers » : « Tels des apothicaires, nous réalisons de nouveaux mélanges tous les jours, versons d'un récipient dans un autre, et comme ces anciens Romains qui pillèrent toutes les cités du monde pour construire leur Rome, en en choisissant si mal le site, nous écrémons l'esprit des autres hommes, prenons les plus belles fleurs dans les jardins que d'autres ont entretenus avec soin et les transplantons dans nos propres parterres stériles. *Ils lardent leurs maigres livres de la graisse de ceux des autres*, dénonce Giovio »[2]. Et bien sûr, les italiques continuent, dans ces deux extraits, à marquer des emprunts alors même que l'auteur semble désespérer de ses emprunts...

Certes, on lira deux pages plus loin la défense de ces attributions explicites et la revendication de la marque personnelle de l'artisan (par

1. R. Burton, *Anatomie de la mélancolie*, *op. cit.*, p. 27.
2. *Ibid.*, p. 28.

contre, parler d'originalité ici contreviendrait au discours de Burton). Mais l'abondance du discours, le plaisir d'un style qui se relance et se nourrit de ses relances interdit de penser que l'après efface, accomplit ou dépasse l'avant. Nous ne sommes pas dans une argumentation serrée qui va son chemin d'étapes en étapes. Ainsi, il faut tenir ensemble, dans le même chatoiement démultiplié du style et de ses citations, ces deux idées qui ne se contredisent pas mais se croisent et même se chevauchent : le voleur qui répète et l'artisan de la citation. Robert Burton nous dit qu'il est les deux à la fois. Si je veux le dire de manière concise et en tentant une unification des termes, il me semble que je dois plonger alors plus profond dans les entrailles de l'écriture de ce texte et en conclure que Burton nous dit surtout une chose très simple : il écrit *dans l'après*. Il vient tard déjà. Trop tard peut-être. En tout cas, il écrit dans la conscience d'une parole si peu originaire qu'elle se fonde dans et se débat avec ce qui a déjà été dit.

La question qui se pose alors nécessairement est celle du lien entre le statut de cette écriture et son objet même – à savoir un traité sur la mélancolie. Il n'est pas seulement ici question factuellement de l'abondance de textes sur la mélancolie avant même que Burton prenne la plume, ou alors tout au plus de manière secondaire. Le lien essentiel a été tracé dans son commentaire introductif par Jean Starobinski : « L'ampleur du recours à la citation, chez un auteur qui se déclare lui-même mélancolique, nous incite encore à nous interroger sur le rapport entre la mélancolie et l'insertion perpétuelle d'un discours d'emprunt au sein du discours propre. Si c'est là, d'une part, l'attestation d'un savoir, c'est aussi, d'autre part, un aveu d'"insuffisance" [...]. Céder si constamment la parole à ceux que l'on tient pour mieux-disants pourrait être la conséquence du sentiment d'infériorité, voire de dépersonnalisation, dont souffre la conscience mélancolique : il lui faut des soutiens, des appuis extérieurs, des garants. Elle ne dispose pas de ressources propres en quantité suffisante. Elle se bourre de substance étrangère pour combler son propre vide »[1].

1. J. Starobinski, « L'anatomie de la mélancolie », *op. cit.*, p. 206.

Avec le conditionnel (« pourrait être la conséquence... »), Starobinski souligne qu'il émet une hypothèse – la citation comme vide à combler, pour le dire vite –, une hypothèse qui ménage encore la possibilité d'une fonction aussi bien émancipatrice ou créatrice de la citation, que paraît d'abord revendiquer Burton dans son adresse au lecteur, comme je viens de le montrer. Ainsi, la lecture de Starobinski va dans le sens d'une identification de l'écriture de la répétition au vécu mélancolique. Mais sous une condition nécessaire : considérer l'écriture elle-même comme mélancolique. Or, cela ne va pas de soi. *Anatomy of Melancholy* ne se présente pas – du moins apriori – comme la confession d'un mélancolique, mais bien comme un traité sur la mélancolie, qui prétend d'ailleurs, dans certains aspects de son développement, à une fonction curative par la multiplication de conseils à l'adresse de ceux que taraude le « mal anglais ». C'est ainsi, précisément, que l'hypothèse formulée par Starobinski nous conduit au cœur de l'ambigüité constitutive du texte. J'ai souligné que la citation est à la fois la marque de l'artisan et la menace de son enlisement. De manière analogue, la relation du texte à la mélancolie est en même temps, d'une part, une objectivation du trouble et une compilation correspondante de conseils curatifs, et d'autre part une parole singulièrement mélancolique. L'une et l'autre sont ici indissociables à tel point que ce livre sur la mélancolie est, dans le mouvement même de son écriture si singulière, un livre mélancolique.

Le pseudonyme que se choisit Burton ne laisse d'ailleurs guère de place au doute. Démocrite Junior reprend à l'ancien Démocrite le souci de soi autant que des autres : « car il voulait parvenir à se guérir lui-même et, par ses écrits et observations, à enseigner aux autres comment s'en préserver & l'éviter »[1]. Burton avoue ainsi son trouble dans un écrit qui est en même temps animé par l'espoir d'y échapper. Un peu plus loin, il est encore plus explicite, comparant sa mélancolie à un poids qui leste sa pensée et s'apparente, à le lire, à une tumeur qui ronge son cerveau – notons que cela même se dit toujours avec force citations et

1. R. Burton, *Anatomie de la mélancolie*, *op. cit.*, p. 23.

références : « Quand je me suis pour la première fois attelé à cette tâche, & que, comme l'a dit Giovio, *j'ai entrepris ce travail, poussé par mon génie*, le but recherché était le suivant : *apaiser mon esprit en écrivant*, car j'avais *le cœur gravide et la tête grosse*, une sorte d'apostume dans la tête, dont je désirais fort me débarrasser, et entreprendre ce travail me semblait être la meilleure manière de l'évacuer. De toute façon, j'aurais été incapable de m'en échapper, car *ubi dolor, ibi digitus*, il faut bien se gratter là où ça démange. J'étais fort gêné par cette maladie, mais peut-être devrais-je dire par ma maîtresse la Mélancolie, mon Egérie ou mon mauvais génie; et c'est pour cette raison que, comme quelqu'un qui aurait été piqué par un scorpion, il me fallait faire sortir *clavum clavo*, pousser un clou avec un autre, soulager un chagrin par un autre, une oisiveté par une autre, *extraire un antidote de la vipère*, transformer en contrepoison la cause première de ma maladie »[1].

Voici un texte remarquable, tant Burton – Démocrite Junior – ne peut mieux dire la riche ambiguïté de son monumental traité et surtout de l'acte même d'écrire qu'il accomplit. L'explicitation du pseudonyme dans l'extrait précédent, le recours aux citations et références dans celui-ci attestent que c'est l'écriture même qui prend en charge la mélancolie, l'écriture dans sa singularité foisonnante, son expansion, sa surcharge même. Il lui faut écrire sur la mélancolie pour espérer en guérir. Mais en guérit-il jamais? On peut en douter. Je dirais même que là n'est pas le véritable enjeu de l'écriture qui dit pourtant vouloir se guérir puisque, déployant son propos en multipliant citations et références qui attestent encore, à chaque ligne, à chaque page, de la puissance de la maladie, l'écriture consacre la maladie comme moteur même de son déploiement. Burton ne dit rien d'autre lorsqu'il assimile sa mélancolie à trois figures tutélaires qui garantissent le mouvement infini du texte lui-même : maîtresse, égérie, mauvais génie. Comment, s'étonner, après cela, qu'*Anatomy of Melancholy* atteigne un volume de plus de deux milles pages qui auraient d'ailleurs encore pu en appeler bien d'autres et se démultiplier à l'infini?

1. *Ibid.*, p. 25-26.

Je crois pouvoir conclure sans hésitation que si Robert Burton réfléchit, en la mettant en œuvre, l'écriture *dans l'après*, c'est précisément en tant que cette écriture est mélancolique. La mélancolie est la tonalité affective de son écriture. Mais il faut alors bien comprendre que cette tonalité est celle d'une création – Burton y insiste, en identifiant sa mélancolie à l'égérie ou au génie qui le poussent à écrire. La mélancolie est ici le moteur d'une création qui à la fois prétend la réduire et, s'en nourrissant, la répète sans cesse, la relance, la remobilise – ne cesse de l'écrire. À ce titre, écrire dans l'après, c'est remobiliser ce qui est passé et sans doute perdu pour trouver une force de création dans ce manque, dans cet effacement qui est en même temps un « déjà dit » si présent, si intime dans la répétition. L'acte de création – ici : l'écriture de Burton – sourd dans la répétition qui dit un écart avec la première fois, un écart à jamais impossible à résorber et que l'on vient requérir pourtant. Comme si ce n'était qu'en s'évertuant à recommencer que l'on peut commencer vraiment, autrement. Mais il faudra encore recommencer. La mélancolie est ainsi elle-même création – sans cesser d'être profondément mélancolique.

Ce mode d'écriture, cette riche ambiguïté de la création que nous reconnaissons en lisant le texte étrange de Burton n'est pas son apanage. Ce qu'il nous montre de manière si complexe et intense à la fois traverse sans doute toute l'histoire de l'art et de la littérature – ou du moins, restons prudent, l'histoire de l'art et de la littérature modernes, de la prétention moderne à la création. Nous pourrions en trouver des figures variées dans telle annotation de Léonard accompagnant certaines esquisses, ou dans une toile de Vermeer pétrie d'étranges absences comme *La leçon de musique*. Ou encore chez Shakespeare, dans le romantisme allemand, chez Balzac dans *Le chef-d'œuvre inconnu*, chez Thomas Mann lorsqu'il entreprend de raconter à nouveau l'histoire biblique de *Joseph et ses frères*, etc.

Pour autant, mon propos dans ce petit livre n'est certes pas de développer une théorie générale de la création *dans l'après* – ou *en retard* – et de la dimension mélancolique de celle-ci. Mon propos peut sembler plus restreint mais prétend en même temps apporter une dimension aussi fondamentale que spécifique à cette réflexion. Je soutiens que ce mode de création est essentiel dans l'histoire du cinéma, et tout particulièrement dans l'histoire du cinéma hollywoodien classique. Les pages qui suivent s'efforcent de penser la création *en retard*, ou le retard de la création, avec son goût de la référence, de la répétition, de la citation, avec son âme mélancolique aussi – à même ce cinéma.

Pour clore cette introduction, il me faut avancer un dernier élément qui permettra, encore liminairement bien sûr, de dessiner les conditions dans lesquels le cinéma classique hollywoodien a pu déployer les ressources de la création *dans l'après*. Comment donc créer dans la référence, en remobilisant, en citant, en recommençant? Ou pour le dire autrement : comment donc la création peut-elle être elle-même mélancolique? Un dernier détour, une dernière *matière étrangère*, nous apportera un élément de réflexion.

Dans *J'ai épousé un communiste*, le second roman qui compose sa « trilogie américaine », Philip Roth donne la parole au personnage de Murray Ringold, le vieux professeur de littérature anglaise de son narrateur récurrent, Nathan Zuckerman. S'adressant à son ancien élève, il évoque le chef-d'œuvre de Burton : « « Dans l'armée, je me souviens qu'un exemplaire d'*Anatomy of Melancholy*, de Burton, m'était tombé entre les mains. Je le lisais pour la première fois de ma vie, et je le prenais tous les soirs pendant que nous étions en Angleterre à nous entraîner pour le débarquement en France. J'adorais ce livre, Nathan, mais il me laissait perplexe. Tu te souviens de ce que Burton dit sur la mélancolie? Chacun de nous y est prédisposé, selon lui, mais certains d'entre nous prennent l'habitude de la mélancolie. Or, comment prend-on cette habitude? C'est une question à laquelle il ne répond pas. Son livre ne le dit pas, si bien qu'il m'a fallu me le demander jusqu'au Débarquement, et jusqu'à ce que mon expérience personnelle me le montre. On prend l'habitude d'être trahi. C'est la trahison qui en est la cause. Pense aux tragédies. Qu'est-ce qui provoque la mélancolie, le délire, le meurtre? Othello – trahi. Hamlet – trahi. Lear – trahi. [...] Nous qui avons, par métier, usé notre énergie à enseigner les chefs-d'œuvre, les rares d'entre nous que passionne encore le regard de la littérature sur les choses, nous n'aurions pas d'excuses si nous ne voyions pas que la trahison est au cœur de l'Histoire. L'Histoire de haut en bas. L'Histoire du monde, de la famille, de l'individu. Très vaste sujet, la trahison »[1].

Ce texte met donc étroitement en rapport la mélancolie et l'expérience de la trahison. Mais lisons bien : une trahison qui rythme l'histoire. Le vieux professeur le formule explicitement à la fin de cet extrait, et il lit Burton dans un moment décisif de l'histoire, alors que se joue sans doute le cours du monde. La mélancolie est affaire de trahisons, de retournements, de heurts *dans l'histoire*, à quelque niveau que cette histoire se joue, de l'individuel au collectif. Philip Roth nous suggère ainsi que l'histoire est le champ de la mélancolie parce qu'elle est le lieu des ruptures, des solutions de continuité qui trahissent la durée et brisent le vecteur continu du temps.

Mon hypothèse est que le cinéma hollywoodien mobilise et réfléchit la création dans l'après précisément au regard d'une historicité instable et même hachée, qui concerne tout le développement historique du cinématographe mais peut-être de manière encore plus aigüe sa forme hollywoodienne, qui assume le plus spécifiquement l'art industriel. En effet, connaît-on l'histoire d'un art qui fut plus hachée sur une période si brève – à peine cent-vingt-cinq ans d'existence? Certaines évolutions se sont certes faites plutôt en douceur, comme le passage d'une exploitation foraine à une prétention artistique aux premiers temps, ou peut-être même (avons-nous cependant assez de recul pour en juger d'ores et déjà?) celui de la pellicule au support numérique. Mais pour combien d'autres heurts, de révolutions, de sauts historiques qui ont fait d'ailleurs quelques victimes dans cette industrie? On pensera bien sûr à l'avènement du parlant (à peine trente ans après l'invention du cinématographe, sa nature et ses enjeux esthétiques changeaient du tout au tout), à la couleur, aux modifications de format de l'image

1. Ph. Roth, *J'ai épousé un communiste*, trad. fr. de J. Kamoun, Paris, Gallimard, 2001, p. 257-258.

(tout particulièrement avec l'invention du cinémascope), à la remise en cause des moyens de production des grands studios, à la menace qu'a représentée la généralisation de la télévision dans les foyers américains au début des années 50, à l'instabilité des genres – émergeant et disparaissant, alors qu'ils devraient être la garantie bien établie de la réussite commerciale –, à l'avènement et à la chute du « nouvel Hollywood », etc. Il ne me semble pas qu'un autre art ait vécu autant de bouleversements majeurs en aussi peu de temps. À tel point que, par un étrange effet rétroactif, c'est peut-être l'identification même de son origine qui pourrait s'en trouver remise en cause : « Si demain – par malheur – le cinéma sortait complètement des salles, que les films ne soient plus visibles que sur des appareils personnels, téléphones, i-pods, tromblons à coulisse ou autres gadgets à venir, ne devrait-on pas alors célébrer comme fondement de cet art ou de cette activité [...] la date de création du kinétoscope d'Edison, le moment où le premier badaud new-yorkais a regardé dans l'œilleton d'un kinétoscope, le 14 avril 1894 dans une salle au coin de Broadway et de la 27ᵉ rue? »[1]. Et la première projection du cinématographe des frères Lumière s'en trouverait alors déclassée...

Comprenons-nous bien : il ne s'agit pas seulement ici d'une question de dates, mais de la nature même du cinéma et de son origine déstabilisée par son historicité. L'histoire du cinéma est ainsi avant tout celle d'une fragilité de son cours, de son ou ses origines jusqu'à

1. J. Augros et K. Kitsopanidou, *Une histoire du cinéma américain. Stratégies, révolutions et mutations au XXᵉ siècle*, Paris, Armand Colin, 2016, p. 7. On notera également que, selon Vincent Amiel et José Moure – s'inspirant eux-mêmes de Lev Manovich –, le développement des images de synthèse peut, quant à lui, conduire jusqu'à un changement de position du cinéma dans la différenciation des arts : « Dans les années 2010, les avancées de l'image de synthèse ou CGI (image de synthèse générée par ordinateur) ouvrent la voie à la perspective d'un cinéma d'animation pure qui, tout en proposant une représentation photo-réaliste de la réalité, pourrait entièrement se passer de vues réelles et donc d'effets spéciaux, car tout son processus de production serait en lui-même un effet spécial; un cinéma qui, comme l'écrit Lev Manovich, cesse de relever "d'une technique médiatique indexicale pour devenir un sous-genre de la peinture" » (V. Amiel et J. Moure, *Histoire vagabonde du cinéma*, Paris, Vendémiaire, 2020, p. 376).

aujourd'hui et bien au-delà sans doute. Pour autant, il ne s'agit pas de réduire la création dans l'après au cinéma à cette historicité spécifique, mais de considérer à tout le moins qu'elle constitue une donnée qui a pu aiguiser l'acuité de cette création et de sa réflexivité et même, dans certain cas, contribuer au dessin de sa forme. On ne s'étonnera donc pas que l'historicité du cinéma joue un rôle important dans les pages qui suivent.

chapitre premier
la seconde chance
la constellation Vertigo

Son idéal aurait été de publier en secret, puis, sur le texte publié, de se livrer à une révision terrifiée, sacrifiant toujours une première édition et commençant pour la postérité et même pour les collectionneurs, les pauvres chers collectionneurs, avec une seconde édition.

Une seconde chance – voilà *l'illusion. Il n'y en a jamais eu qu'une seule. Nous travaillons dans le noir – nous faisons ce que nous pouvons – nous donnons ce que nous avons. Notre doute est notre passion et notre passion est notre tâche. Le reste est la folie de l'art.* [1]

Ce premier chapitre est construit autour d'une analyse du *Vertigo* d'Alfred Hitchcock. Pourtant, j'évoque en titre une « constellation », c'est-à-dire une pluralité de films qui, en quelque sorte, gravitent autour de *Vertigo* – il faut entendre par là que leurs enjeux sont d'autant plus saisissables qu'on les rapporte au chef-d'œuvre de Hitchcock. Je crois volontiers que de nombreux films peuvent s'inscrire dans cette constellation, mais je limiterai mon étude à deux œuvres, l'une qui a historiquement précédé *Vertigo*, l'autre qui l'a suivi, presque vingt ans plus tard. Que l'on me comprenne bien : je ne vise pas ici de simples

1. H. James, *La seconde chance [The Middle Years]*, trad. fr. de H. Frappat, Paris, Allia, 2012, p. 33-34 et p. 62.

citations ou références externes à *Vertigo*, mais une communauté d'enjeux qui anticipe sur un mode particulier ou prolonge et réinvente selon des modalités qui ne le sont pas moins le chef-d'œuvre hitchcockien.

Quelle est cette communauté d'enjeux qui justifie de tels rapprochements et surtout une telle anticipation? Le titre de ce chapitre l'annonce : la *seconde chance*. Dans chacun de ces trois films, l'idée d'une seconde chance, c'est-à-dire de la possibilité pour un personnage, mais aussi pour le film lui-même, de recommencer, de suivre à nouveau un même parcours, d'accomplir un même mouvement derechef, cette fois peut-être en aboutissant, en accomplissant une tâche, un désir, une vocation. L'action et sa narration sont ici en jeu, mais aussi bien – je le montrerai – l'acte même de création. À dire vrai, la chose est *a priori* assez évidente s'agissant d'*Obsession*, réalisé par Brian De Palma en 1976, qui non seulement cite *Vertigo* mais s'en revendique ouvertement tout du long. Par contre, on est en droit de se demander si je ne m'avance pas quelque peu s'agissant du film de William Dieterle, *The Portrait of Jennie*, réalisé en 1948 – dix ans avant *Vertigo* – par un réalisateur qui, pour être d'origine européenne comme Hitchcock, pouvant se prévaloir d'une culture cinématographique (le muet, les œuvres de Murnau) qui était aussi celle de Hitchcock, prend néanmoins une voie stylistique et narrative, voire métaphysique, très différente de celle du « maître du suspens ».

répéter l'effacement : « The Portrait of Jennie »

Avant d'en venir à l'analyse proprement dite, et de commencer à tisser des liens entre ces trois films, il me faut donc justifier factuellement et historiquement la relation particulière que je veux établir entre *The Portrait of Jennie* et *Vertigo*.

La découverte pour ainsi dire naïve de *The Portrait of Jennie* par un cinéphile qui connaît son *Vertigo* provoquera immanquablement chez celui-ci des réminiscences, des parallèles, voire une impression de bien connu sur plusieurs motifs narratifs et plastiques. L'œuvre de Hitchcock nous raconte l'histoire d'un ancien officier de la police de San Francisco (Scottie, interprété par James Stewart) qui est sujet au vertige et qui se sent coupable de n'avoir pas pu sauver une femme qu'il avait prise en filature à la demande du mari de celle-ci, une femme dont il est tombé éperdument amoureux et qui s'est suicidée sous ses yeux en se jetant du haut d'un clocher (Madeleine, interprétée par Kim Novak). Mais voici qu'au sortir d'une dépression profonde, il croise une autre femme (Judy, à nouveau interprétée par Kim Novak) qui lui rappelle la première et qu'il manipule pour accroître la ressemblance et courir avec elle sa « seconde chance » – afin que l'histoire, cette fois, se termine bien. Le second personnage féminin vaut manifestement comme une présence fantomatique du premier, comme une perdurance spectrale de la femme aimée. Or, ce dont il est d'emblée question dans le film de Dieterle, c'est de la fascination du personnage masculin interprété par Joseph Cotten (Eben Adams, artiste peintre) pour une très jeune fille (Jennie, interprétée par Jennifer Jones) qui semble émerger du passé, qui disparaît puis réapparaît, et qui se transforme en quelques mois en une jeune femme séduisante capable d'éveiller la passion aussi inquiète qu'amoureuse du peintre. Le caractère fantomatique du personnage féminin, hors du temps, ou du moins d'une autre époque, rime immédiatement avec le double personnage de Judy/Madeleine dans *Vertigo* – tout comme la passion du personnage masculin pour un corps féminin spectral rime avec les émois du personnage de Scottie. Mais il y a plus : c'est l'enjeu même de la seconde chance qui s'empare ici aussi de la narration. Eben Adams comprend que Jennie, figure du passé, a connu un destin funeste et une mort violente dans une puissante tempête à Cape Cod et il tente de s'opposer à la force du destin qui voudrait que le spectre disparaisse dans le même drame. Il tente de donner une seconde chance à Jennie – ce qui est tout à fait explicite dans les dialogues du film.

On ne peut donc percevoir *The Portrait of Jennie* sans en faire pour soi-même une variation sur le scénario de *Vertigo*. À tout le moins, le spectateur peut voir le film de Dieterle comme l'occasion de réinventer sa compréhension de la narration du film de Hitchcock. Mais ce ne sont pas que les motifs narratifs respectifs qui paraissent s'évoquer l'un l'autre. Plastiquement aussi, les images résonnent entre elles. Je ne fais pas encore allusion ici à l'utilisation dans les deux cas de filtres posés derrière l'objectif : la méthode est largement partagée à Hollywood à l'époque, avec des buts poursuivis très différents, et nous verrons d'ailleurs que ce recours aux filtres n'a pas directement une fonction analogue chez Dieterle et chez Hitchcock. Par contre, c'est dans son dénouement, tragique et opératique tout à la fois, que *The Portrait of Jennie* évoque plastiquement certains traits stylistiques de *Vertigo*. Ce film en noir et blanc, éclairé et photographié par le célèbre Joseph August (qui aura été directeur de la photographie des plus grands films de Dieterle, mais aussi de plusieurs films de John Ford, de George Cukor etc., avant de mourir pendant le tournage de *The Portrait of Jennie*), se conclut sur de spectaculaires séances en couleurs, voulues par le producteur David O. Selznick, ainsi que sur l'apparition finale, en couleurs toujours, du fameux portrait de Jennie par Eben Adams. Or, le premier plan en couleurs est celui d'un orage violent et le ciel y est déchiré d'éclairs de couleur... verte! J'analyserai plus avant, à la fin de cette section, les raisons probables du recours à un vert qui peut apparaître incongru au regard des codes les plus courants de la représentation visuelle d'un orage. Mais ce qui m'importe ici, c'est que toute la séquence de la tempête, au cours de laquelle succombe Jennie, est ainsi filmée dans des teintes vertes. À nouveau, pour un spectateur qui connaît son *Vertigo*, la rime est immédiate. Il est impossible, surtout en étant déjà « mis en condition » par la rime narrative et l'enjeu de la « seconde chance », de ne pas voir dans ce vert dramatique, voire chaotique, de la fin du *Portrait of Jennie* une étrange communauté visuelle avec ces filtres verts qui nimbent l'image à de nombreuses reprises dans *Vertigo*[1].

1. Dans *Vertigo*, la présence de cette couleur verte est encore appuyée par certains accessoires vestimentaires marquants de la double héroïne interprétée par Kim Novak.

Parmi les séquences de tempête en couleurs surviennent les plans d'Eben Adams qui se rue à l'intérieur du phare de Lands End. Un regard vers le haut, un raccord subjectif, et nous découvrons en contre-plongée verticale un immense escalier en spirale, stylisé, « géométrisé » pour ainsi dire, et toujours dans des teintes vertes. Certes, Dieterle ne recourt pas ici à cet effet qu'inventera Hitchcock dix ans plus tard pour *Vertigo*, la conjonction du zoom avant et du travelling arrière – et Eben Adams n'est nullement sujet, lui, au vertige. Mais la forme spiralée, si essentielle à *Vertigo* dès le gros plan de l'œil de Kim Novak dans le générique conçu par Saul Bass, est bel et bien présente dans *The Portrait of Jennie*, et dans un cadrage qui anticipe ceux de Hitchcock.

Mais ces jalons peuvent-ils se soutenir de données historiques précises? Autrement dit : peut-on ou même faut-il considérer qu'une influence directe s'est exercée du *Portrait of Jennie* sur *Vertigo?* Il me faut répondre en deux temps. Tout d'abord, je ne considère nullement que les rimes et associations que je viens d'esquisser *exigent* une influence directe – ni même indirecte, au demeurant. J'espère montrer dans les pages qui suivent comment la mise en relation de ces deux films peut se suffire à elle-même pour nourrir la réflexion sur un enjeu partagé et même, de manière performative, pour approfondir l'interprétation de l'un et de l'autre dans un mouvement herméneutique en aller et retour. Mais pour autant, cela ne signifie pas que je dédaigne les éléments historiques de la production hollywoodienne qui ouvriraient la possibilité d'une influence concrète du travail de Dieterle sur l'invention hitchcockienne.

Il faut d'abord préciser que, sauf erreur de ma part, Hitchcock ne fait lui-même jamais aucune allusion aux réalisations de Dieterle, que ce soit en général ou à *The Portrait of Jennie* en particulier. On ne trouve trace d'aucune référence de ce type ni dans le célèbre livre d'entretien avec Truffaut[1], ni dans les conversations avec Peter Bogdanovich[2]. Et

1. *Cf.* Fr. Truffaut, *Hitchcock/Truffaut*, Paris, Gallimard, 2013.

2. *Cf.* P. Bogdanovich, *Les maîtres d'Hollywood. Entretiens avec Peter Bogdanovich (tome 2)*, trad. fr. de M. Trichet et Ch. Villalon, Paris, Capricci, 2018, p. 7-105.

dès lors, on ne s'étonnera pas que l'abondante littérature secondaire concernant l'œuvre de Hitchcock ne fasse pas plus de référence à d'éventuelles relations du réalisateur anglais avec le réalisateur allemand exilé aux USA dès 1930. Le fait que les deux réalisateurs partagent largement un même héritage, à savoir le cinéma muet, et plus précisément le cinéma allemand et l'œuvre de Murnau – que Hitchcock connaît bien[1] alors que Dieterle, lui, a travaillé avec Murnau et même interprété le rôle de Valentin dans son *Faust* (1926) –, ne change rien à l'affaire : on garde l'impression que Hitchcock et Dieterle n'ont rien à voir l'un avec l'autre et que leur art cinématographique se développe dans des voies parallèles qui s'ignorent.

J'ai tendance à considérer que c'est là une erreur, sans doute parce que, pour ma part, j'accorde précisément une grande importance aux héritages cinématographiques croisés de l'un et de l'autre, qui peuvent être le fondement d'enjeux narratifs et stylistiques communs, même ponctuels. Mais il me faut bien concéder que les points de croisement concrètement identifiables sont rares. Tout au plus, Hervé Dumont, dans l'ouvrage aussi précis qu'exhaustif qu'il a consacré à la carrière cinématographique de Dieterle, mentionne la reprise par Hitchcock d'un projet de scénario auquel Dieterle avait participé, *Personal History* (initialement pour le producteur Walter Wranger, en 1938). Ce projet deviendra, quelques années plus tard, *Foreign Correspondant* (*Correspondant 17*, 1940)[2].

Ne peut-on aller plus loin, en se rapprochant précisément de l'époque du tournage et de la sortie de *The Portrait of Jennie?* J'ignore totalement si Hitchcock a vu le film de Dieterle (et je ne crois pas

1. À une question que lui pose Bogdanovich sur sa connaissance de l'école cinématographique allemande lorsqu'il réalise *The Lodger* (1927), Hitchcock répond ceci : « Souvenez-vous qu'un an auparavant, j'avais travaillé dans les studios de l'UFA – j'y suis resté plusieurs mois. À cette même période, Emil Jannings tournait dans *Le dernier des hommes* (*Der letzte Mann*, 1924) avec F.W. Murnau. Je me suis nourri de cette méthode et de ce style » (*ibid.*, p. 29-30).

2. *Cf.* H. Dumont, *William Dieterle. Un humaniste au pays du cinéma*, Paris, CNRS Editions-Cinémathèque française, 2002, p. 111-112.

qu'existent des sources capables de nous éclairer sur cette question)[1], mais toujours est-il que les deux réalisateurs travaillent alors dans un contexte de production relativement partagé. Après la Seconde Guerre mondiale, Hitchcock devait encore contractuellement deux films à David O. Selznick et à sa société de production Selznick International Pictures. Ces deux films seront *Spellbound* (*La maison du docteur Edwardes*, 1945) et *The Paradine Case* (*Le procès Paradine*, 1947 – pour lequel Selznick est d'ailleurs crédité comme scénariste). Entre ces deux films, Selznick aura aussi été brièvement le producteur indépendant de *Notorious* (*Les enchaînés*, 1946), avant que la RKO ne reprenne le projet. Après *The Paradine Case*, Hitchcock sera libéré de Selznick et se lancera dans l'aventure de sa propre société de production indépendante, la Transatlantic Pictures.

Hitchcock fait donc bien partie de l'« écurie » Selznick alors que celui-ci s'investit dans la production de films tels que : *I'll Be Seing You* (*Etranges vacances*, 1945), réalisé par Dieterle; *Duel in The Sun* (*Duel au soleil*, 1946) dont le réalisateur crédité est certes King Vidor, mais qui fut remplacé par Dieterle suite aux nombreux désaccords entre Selznick et Vidor – on considère aujourd'hui que Dieterle « est responsable de treize séquences sur un total de soixante-trois »[2] et non des moindres; et enfin, bien entendu, *The Portrait of Jennie*. Dieterle et Hitchcock travaillent en même temps pour Selznick International Pictures et se croiseront symboliquement dans les échecs commerciaux de leurs films : *The Portrait of Jennie* ne rapporte qu'un montant équivalant au quart de son coût de production et, « comme un malheur ne vient jamais seul, ce désastre financier est suivi du fiasco de *The Paradine Case* de Hitchcock, de sorte qu'au printemps 1949, Selznick

1. C'est pourquoi il me semble imprudent de parler de « citation » de *The Portrait of Jennie* dans *Vertigo*, comme le fait Fabien Delmas (dans un article passionnant par ailleurs) : « La séquence du suicide de Madeleine s'articulant autour du clocher de l'église de San Juan Bautista peut être perçue comme une citation de la séquence de la tempête verte du *Portrait de Jennie* » (F. Delmas, « De l'onirisme à Hollywood. Les songes de William Dieterle », *Ligeia*, n° 1, 2014, p. 113).

2. H. Dumont, *William Dieterle. Un humaniste au pays du cinéma*, *op. cit.*, p. 176.

est ruiné. Il ferme son studio [et] vend aux enchères son équipement de production »[1]. Dieterle et Hitchcock cessent donc pour ainsi dire en même temps de travailler pour Selznick. Ces années-là, Dieterle et Hitchcock connaissent donc des carrières relativement proches à plusieurs égards. Cela suffit-il pour supposer que Hitchcock a vu *The Portrait of Jennie* et que cette vision a exercé une influence sur lui? Non, bien sûr. Mais enfin, il n'est pas absurde de supposer que dans ce contexte particulier de production, Hitchcock a eu à tout le moins connaissance du travail de Dieterle – et peut-être plus.

Par ailleurs, *The Portrait of Jennie* ne dépend pas seulement de son réalisateur et de son producteur, mais aussi des collaborateurs sur le tournage. On pourrait mentionner Joseph McMillan Johnson, qui a travaillé à plusieurs reprises pour Selznick International Pictures et qui fut couronné d'un Oscar pour les effets visuels des dernières séquences, en couleurs, de *The Portait of Jennie*. Six ans plus tard, c'est le même homme qui créera le décor de *Rear Window* (*Fenêtre sur cour*, 1954) pour Hitchcock. Et, s'il s'agit là de sa contribution la plus marquante et la plus célèbre à l'univers hitchcockien, il avait déjà collaboré à *The Paradine Case* et sera à nouveau nommé à l'Oscar pour *To Catch a Thief* (*La main au collet*, 1955)[2].

Mais l'implication qui me semble plus importante encore – notamment parce qu'elle concerne directement *Vertigo* –, est celle de Bernard Herrmann dans *The Portrait of Jennie*. Certes, il n'est pas crédité comme le compositeur de la musique du film. C'est Dimitri Tiomkin qui aura ce privilège pour avoir adapté des thèmes de Debussy dont les droits avaient été achetés à prix d'or par Selznick. Mais Herrmann est remercié au générique pour avoir contribué au thème de la chanson hypnotique de Jennie en usant du thérémine, ancêtre des instruments de musique électronique. Herrmann travaille alors pour la première fois avec cet instrument qui produit du son

1. H. Dumont, *William Dieterle. Un humaniste au pays du cinéma*, *op. cit.*, p. 183.
2. *Cf.* P. McGilligan, *Alfred Hitchcock. Une vie d'ombres et de lumière*, trad. fr. de J.-P. Coursodon, Lyon/Arles, Institut Lumière/Actes Sud, 2011, p. 626.

sans être touché par l'instrumentiste. L'expérience ne sera pas sans lendemain puisque le thérémine tient une place essentielle dans l'une des compositions les plus célèbres de Bernard Herrmann – *The Day The Earth Stood Still* (*Le jour où la terre s'arrêta*, 1951), réalisé par Robert Wise. L'expérience sur *The Portrait of Jennie*, pour peu créditée qu'elle soit, n'en a pas moins été essentielle pour Herrmann. On peut d'ailleurs supposer que le souvenir de ce film fut d'autant plus vif qu'il ne s'agissait pas là de sa première collaboration avec Dieterle, encore moins d'une collaboration occasionnelle ou de circonstance. Herrmann avait composé, dans des conditions de confiance tout à fait exceptionnelles, la musique de l'une des œuvres les plus personnelles de Dieterle : *The Devil and Daniel Webster* (*Tous les biens de la terre*, 1941). Il s'agissait là de la seconde partition de Herrmann pour le cinéma, juste après celle qu'il avait composée pour *Citizen Kane* (1941, Orson Welles). C'est seulement à partir de 1955 que Herrmann entamera sa collaboration avec Hitchcock – pour *The Trouble with Harry* (*Mais qui a tué Harry?*) –, l'une des collaborations les plus célèbres de l'histoire du cinéma et dont on peut sans doute considérer que *Vertigo* constitue le climax. La partition de Herrmann est essentielle au chef-d'œuvre de 1958. Ne peut-on à nouveau faire ici au moins l'hypothèse que le rôle de Herrmann ait aussi pu favoriser une relation entre *The Portrait of Jennie* et *Vertigo* – des réminiscences, des résurgences, des références et peut-être même des variations du second sur le premier? C'est en tout cas avec cette possibilité à l'esprit que je mènerai l'analyse comparée de ces deux films. Quant à *Obsession* de Brian De Palma, si sa position chronologique post-*Vertigo* et sa référence explicite à celui-ci n'exigent pas de tels développements liminaires, j'escompte bien faire profiter son analyse de ce que j'aurai pu nouer entre les deux premiers films.

On se souviendra que, dans son célèbre livre d'entretien avec Hitchcock, François Truffaut a introduit la catégorie des « grands films malades ». Il s'agit alors, dans un ultime chapitre, consacré aux derniers films de Hitchcock (à partir de *Marnie*), de mettre en évidence les qualités réelles de films qui ne peuvent toutefois prétendre au statut de chef-d'œuvre. Mais on lit aisément que Truffaut prétend à une généralisation de la notion, qui doit pouvoir s'appliquer non seulement à certains des derniers films de Hitchcock mais aussi à certains films de « très bons metteurs en scène, [...] qui ont démontré en d'autres circonstances qu'ils pouvaient atteindre la perfection »[1]. Il ne fait aucun doute que la notion est effectivement applicable en principe à certains films de Dieterle. Pour ma part, je tiendrais volontiers que l'art de Dieterle a atteint une « perfection » cinématographique au moins dans *The Hunchback of Notre Dame* (*Quasimodo*, 1939) et dans *The Devil and Daniel Webster* (*Tous les biens de la terre*, 1941), et que l'on peut appliquer la notion de « grand film malade » à *The Portrait of Jennie*. Truffaut s'explique : « Si l'on accepte l'idée qu'une exécution parfaite aboutit le plus souvent à dissimuler les intentions, on admettra que les "grands films malades" laissent apparaître plus crûment leur raison d'être. Observons aussi que, si le chef-d'œuvre n'est pas toujours vibrant, le "grand film malade" l'est souvent, ce qui explique qu'il fera, plus aisément que le chef-d'œuvre reconnu, l'objet de ce que les critiques américains appellent un "culte". Je dirais enfin que le "grand film malade" souffre généralement d'un trop plein de sincérité ce qui, paradoxalement, le rend plus clair aux *aficionados* et plus obscur au public entraîné à avaler des mixtures dont le dosage privilégie la ruse plutôt que la confession directe »[2]. *The Portrait of Jennie* répond à la plupart de ces critères – avec cette particularité supplémentaire qu'il ne le doit pas seulement à Dieterle, mais bien essentiellement au projet et aux interventions du producteur, David O. Selznick.

À certains égards, en effet, *The Portrait of Jennie* cherche trop à dire ce qu'il veut être. On pensera notamment aux plans d'introduction qui peuvent aujourd'hui nous apparaître grandiloquents dans leur prétention métaphysique. L'ampleur cosmique qui est ainsi conférée d'emblée au film est générée par le souvenir obsessionnel, chez Selznick, de son indépassable succès, *Gone With the Wind* (*Autant en emporte le vent*, 1939). La même ampleur, plus déformante encore, sans doute,

1. Fr. Truffaut, *Hitchcock/Truffaut*, *op. cit.*, p. 277.
2. *Ibid.*, p. 278.

avait ainsi été donnée à *Duel in the Sun*, dont j'ai déjà rappelé que certaines séquences essentielles ont été tournées par Dieterle. Dans *The Portrait of Jennie*, le génie de la mise en scène et le sens plastique de Dieterle lui ont permis d'imprimer sa marque à ses premiers plans, qui font d'ailleurs irrésistiblement penser au prologue du *Faust* de son maître Murnau[1]. Mais cela ne suffit pas à effacer l'emphase voulue par Selznick, qui se traduit encore par la surcharge de la double épigraphe : on peut douter qu'il fût réellement nécessaire de citer à la fois Keats et Euripide…

De la même manière, l'insistance de certaines lignes de dialogues sur la prétention à l'éternité contribue à donner une aura métaphysique au scénario, alors même que – comme j'essaierai de le montrer – le véritable enjeu du film se situe plutôt dans la durée et dans son corrélat qu'est l'oubli. Je ne peux m'empêcher de percevoir ici une légère claudication du film, à laquelle les prétentions de Selznick ne sont sans doute pas étrangères.

Enfin, la puissance même des dernières séquences peut poser question et cela dans la mesure où elles caractérisent très profondément le film qu'il nous est donné de voir *et* n'emportent pourtant pas la totale adhésion quant à leur nécessité. Ici à nouveau, l'interventionnisme de Selznick est en cause : « Quand le film sort enfin à Los Angeles le 25 décembre [1948], les critiques sont si tièdes que Selznick retire le film du circuit pour le remettre une fois de plus sur le métier. Il décide de transformer la dernière bobine en "clou" spectaculaire et dépense 250 000 $ en effets spéciaux supplémentaires chez Walt Disney : l'ouragan, teinté en vert, avec des "flashes" rouges, et sa gigantesque lame de fond apparaissent sur un écran large, ancêtre du CinemaScope

1. Pierre Berthomieu n'a pas manqué de l'observer, en donnant d'ailleurs à sa remarque une portée encore plus générale : « L'inspiration de Dieterle prolonge en fait le Murnau de *Faust* » (P. Berthomieu, *Hollywood classique. Le temps des géants*, Pertuis, Rouge Profond, 2009, p. 72).

("Cycloramic Screen"). Enfin, le dernier plan du portrait de Jennie au Museum of Modern Art est filmé en Technicolor »[1].

Que l'on me comprenne bien : je ne considère pas du tout l'intervention de Selznick comme totalement hétérogène au propos du film et je montrerai ci-dessous combien ces choix de dernière minute soulignent l'appartenance de l'œuvre à une forme de pictorialisme qui renforce son propos réflexif et esthétique. Mais précisément : il s'agit ici de *souligner*, de *renforcer*. Cela ne génère-t-il pas une explicitation par moments outrée? Le spectateur garde en tout cas une impression d'excès qui confère à l'œuvre achevée précisément son caractère de « grand film malade ». C'est en étant bien conscient d'un tel caractère de *The Portrait of Jennie*, entre ambiguïtés et excès, que je tente à présent de l'analyser.

Après ce que nous pourrions intituler, en nous souvenant du *Faust I* de Goethe, un « prologue au ciel », la caméra descend vers la ville de New York. Lorsque nous quittons la plongée pour un cadrage désormais plus proche de l'horizontal, l'image renonce à l'immédiateté réaliste du cinématographe : c'est une trame serrée qui apparaît, « une trame qui donne l'impression physique d'une toile de peintre »[2]. Or, précisément, *The Portrait of Jennie* raconte l'histoire d'un peintre désœuvré, dont l'échec commercial – il est plus près de la bohème que d'une quelconque exposition – révèle plus profondément un épuisement de l'inspiration. Du moins avant que naisse sa fascination pour l'apparition étrangement fantomatique de la jeune Jennie. La trame de l'image cinématographique renvoie donc au support de l'image du créateur qui est le personnage principal de la narration. Il s'agit bien ici de poser l'image de *The Portrait of Jennie* au lieu même de l'acte de création. Ce qui finit de nous en convaincre, c'est la voix off

1. H. Dumont, *William Dieterle. Un humaniste au pays du cinéma*, *op. cit.*, p. 183. Il est frappant que sa mémoire visuelle trompe Hervé Dumont : aucun flash rouge ne vient ici rompre la continuité du vert. Cette erreur serait-elle due à la difficulté que nous avons à nous représenter un orage et une tempête dans les tons verts? Dumont va-t-il chercher dans la présence supposée du rouge une couleur plus naturellement « violente »?

2. P. Berthomieu, *Hollywood classique. Le temps des géants*, *op. cit.*, p. 71.

qui, après avoir disserté métaphysiquement sur le temps, le réel, la foi, concède enfin qu'il est temps de passer à l'« action », en proclamant : « Et maintenant, le portait de Jennie ». Cela précisément au moment où l'image cinématographique se confond avec la trame d'une toile.

Tout au long du film, ces images tramées seront récurrentes, parfois sur le mode de cette première apparition, comme constitutive de l'image, parfois à la manière d'un rappel, en usant d'un accessoire de décor, comme lorsque Central Park apparaît à travers la gaze d'un rideau du salon de Spinney (Ethel Barrymore), la marchande d'art qui veille désormais sur le peintre. Le film pose ainsi une équivalence parfaite entre son image, l'enjeu de la narration et l'acte même de création. Il se confond avec le tableau achevé. « Et maintenant, le portrait de Jennie » doit s'entendre aussi bien comme annonçant, d'un point de vue intradiégétique, l'histoire d'un portrait à peindre, que comme l'identité du titre, de la toile et du film lui-même. Pour autant, dans ce « grand film malade », parfois écartelé entre les séquences et entre l'enjeu et l'image, il ne faudrait pas considérer que ces premières séquences réfléchissant la création sont en rupture complète avec l'introduction grandiloquente. Encore une fois, celle-ci n'est pas purement étrangère à la réalisation de Dieterle, même si sa tonalité l'excède à certains égards. Ainsi, la prétention métaphysique est transformée par la texture même de l'image cinématographique s'identifiant à la trame du tableau. Le travail produit par Dieterle et Joseph August, son directeur de la photographie, consiste précisément à construire un monde en soi. Évoquant essentiellement Dieterle, Pierre Berthomieu note « qu'il compose un monde où les objets, la profondeur de champ, le décor, sont sculptés par une lumière très blanche et recouverts de peinture réfléchissante ». Ainsi, Dieterle évite le contraste expressionniste qui ici « s'abolit dans une impression vaporeuse qui l'estompe et crée l'onirisme temporel essentiel au sujet »[1]. Dieterle et Joseph August constituent un monde un, qui ne peut être divisé par les contrastes expressionnistes. L'image, en ce sens,

1. *Ibid.*, p. 72.

a bien à voir avec la totalité d'une réalité cosmique – celle qu'évoquait la voix off de l'introduction, celle qui est désormais mise en image et s'impose d'autant plus immédiatement à notre regard. Le film et la toile sont un monde.

N'est-ce pas cependant aller un peu vite en besogne et jouer trop légèrement avec la transition de l'objet intradiégétique qu'est le tableau à la forme cinématographique? N'est-ce pas une cheville du raisonnement qui effacerait ainsi du même coup un propos spécifique sur la peinture? Je pense au contraire que l'identité se fonde sur une intimité entre les deux arts, pleinement assumée par Dieterle et Selznick – en quoi, au demeurant, ils ne font pas figure de pionniers.

La peinture a joui d'un statut d'inspiratrice pour le cinéma dès l'époque du muet. La grande peinture d'histoire – celle qui exige une interprétation historique, par opposition à l'interprétation allégorique ou à l'interprétation générique ou typique[1] –, cette peinture qui se réfère « à une histoire qui préexiste au tableau, dans la religion chrétienne ou la mythologie grecque, dans l'histoire des peuples ou dans les œuvres des poètes »[2] inspire les compositions plastiques de Griffith ou de DeMille[3]. On peut considérer que depuis cette origine, la peinture a toujours joué un rôle essentiel dans l'inspiration de certains réalisateurs hollywoodiens. Bien sûr, le système des studios a généré une diversité des choix et des styles de production, et on observe que l'inspiration picturale est bien plus visible dans les productions de la MGM ou de la Paramount (par moments, de la RKO) que dans celles, par exemple, de la Warner, à la veine plus réaliste et sociale, moins esthétisante. Les productions de David O. Selznick s'inscrivent, de ce point de vue, dans le sillage de la MGM (studio pour lequel Selznick a le plus souvent travaillé avant de devenir indépendant). Les réalisations de *Gone With the Wind* et de *Duel in the Sun* le démontrent à souhait.

1. *Cf.* T. Todorov, *Éloge du quotidien. Essai sur la peinture hollandaise du XVIIe siècle*, Paris, Points-Seuil, 2009, p. 17-20.

2. *Ibid.*, p. 18.

3. À ce propos, *cf.* J.-L. Bourget, *Hollywood, la norme et la marge. Genres, esthétiques et influences du cinéma hollywoodien (1930-1960)*, Paris, Armand Colin, 2016, p. 199-202.

Il est en tout cas évident que, comme le note Jean-Loup Bourget, « tout un pan du cinéma hollywoodien est, explicitement ou implicitement, pictorialiste »[1], et *The Portrait of Jennie* participe de ce mouvement. En cela, le film de Dieterle affiche ses prétentions et ses valeurs artistiques – Bourget note encore : « on posera comme principe général que la référence aux autres arts visuels tend à connoter le prestige, la culture savante »[2]. La référence à la peinture et éminemment le choix d'un peintre comme personnage principal de la narration contribuent donc bien à la définition esthétique de l'œuvre en tant qu'image cinématographique. Ce cinéma se comprend comme cinéma d'art et portant sur l'art, se réfléchissant lui-même, à la fois par le soin apporté à la composition plastique de l'image, d'inspiration picturale, et par la mobilisation diégétique du personnage du peintre. Au demeurant, Bourget observe encore que « la tendance pictorialiste culmine dans les années cinquante, avec les *biopics* consacrés à des peintres »[3], et de se référer à Toulouse-Lautrec et Van Gogh, respectivement mis en scène par John Huston et Vincente Minnelli. Sans doute peut-on considérer que ce climax des années cinquante est annoncé, en 1948, par l'histoire alors fictionnelle d'un peintre new-yorkais séduit par une figure spectrale…

Si ces éléments nous indiquent déjà comment l'image cinématographique de Dieterle nous parle bien essentiellement d'elle-même à travers son pictorialisme, il me faut ajouter à ce dossier la pièce essentielle de la couleur. Les séquences en couleurs de l'ouragan participent évidemment du pictorialisme qui caractérise le film et c'est en toute logique esthétique qu'elles préparent et annoncent l'apparition, en technicolor cette fois, du tableau achevé, le portrait de Jennie qui donne son titre au film. Là, enfin, les deux images, cinématographique et picturale, se recouvrent parfaitement, dans l'accomplissement en couleurs du pictorialisme. Jacques Aumont confirme ce rôle éminent

1. *Ibid.*, p. 199.
2. *Ibid.*
3. *Ibid.*, p. 201.

de la couleur : « la couleur exprime par son traitement formel l'appartenance du tableau [...] à l'art : elle traduit visiblement un *Kunstwollen*, mieux, une décision d'art »[1]. Citant ces lignes, Jessie Martin commente : « La présence de tableaux en couleurs dans une œuvre cinématographique en noir et blanc constitue un parangon de l'artisticité de la couleur. Nous pouvons relever quelques films de la période classique hollywoodienne comme *Le portrait de Jennie* [...] »[2]. Notre film est décidément l'exemple type d'un pictorialisme, y compris chromatique, par lequel le statut du tableau devient celui de la forme cinématographique.

Le pictorialisme de *The Portrait of Jennie* contribue à la création, évoquée plus haut, d'un monde un à l'image. Et pourtant, une déchirure traverse ce monde, comme l'envers de la prétention créatrice de l'image cinématographique. Une séquence nous le montre admirablement. Troublé par les apparitions et disparitions de la figure de Jennie, Eben Adams, chez qui renaît l'inspiration depuis les éclipses de l'étrange femme-enfant, mène sa propre enquête sur base de quelques éléments que lui a concédés, semble-t-il fort naïvement, la jeune Jennie à propos de ses parents, acrobates et trapézistes au théâtre Hammerstein, à Broadway. Ce seul indice, qui doit permettre de situer Jennie, est en soi une aberration, puisque le théâtre Hammerstein a été détruit depuis plus de 20 ans à l'époque de l'action. L'indice semble donc heurter le cours de l'histoire, il produit une désarticulation du temps.

Son enquête conduit Eben Adams au lieu même que les parents de Jennie sont censés fréquenter, si l'on en croit leur fille. Or, le théâtre Hammerstein, théâtre de « Vaudeville », n'existe plus depuis 1915. Il a été remplacé par un cinéma, le Rialto Theater. Nous insistons sur le fait que le scénario utilise ici des données historiques. Dans une action qui flirte souvent avec le merveilleux, l'onirique et l'étrange, la référence au devenir du Hammerstein Theater, et à son remplacement

1. J. Aumont, *Introduction à la couleur : des discours aux images*, Paris, Armand Colin, 1994, p. 177.

2. J. Martin, *Le cinéma en couleurs*, Paris, Armand Colin, 2013, p. 146.

par le Rialto Theater, enracine l'action dans une historicité qui est aussi objective que paradoxale – paradoxale dans la mesure où elle n'est mobilisée que pour fonder le témoignage de Jennie (ses parents se sont bien produits au Hammerstein Theater) et le rendre ainsi plus étrange encore, paradoxale aussi dans la mesure où l'historicité n'est mobilisée que pour acter la discontinuité qui la désarticule.

Je crois opportun de parler ici de discontinuité car le présent du Rialto Theater et la prégnance du témoignage sur le passé du Hammerstein Theater participent simultanément de l'action. Présent et passé sont désarticulés parce qu'ils se contredisent avec force plutôt qu'ils ne se succèdent harmonieusement. Dans une séquence essentielle où l'image cinématographique se met en abîme, Eben Adams interroge un vieil employé du Rialto Theater qui a travaillé jadis pour le Hammerstein Theater. On est manifestement en pleine séance de projection. Les personnages sont dans les coulisses, à l'arrière de l'écran, et l'on voit donc à l'envers l'image cinématographique interne à l'action – en l'occurrence, un dessin animé. Le cinéma se met ainsi en abîme au lieu même du remplacement historique d'une autre forme d'art ou de spectacle.

Mesurons bien la portée de cette séquence. J'ai montré, à partir de l'image tramée, comment *The Portrait of Jennie* pose l'équivalence de sa forme et de son propos avec la puissance de création. Dès lors, c'est la création cinématographique elle-même qui est ici définie par l'historicité et sa rupture. Le cinéma se révèle comme un art qui remplace, se substitue à une autre forme d'art (en l'occurrence, ici, le théâtre). Pour le dire autrement encore, la recherche d'inspiration de l'artiste Eben Adams le conduit à découvrir que son présent créateur (la peinture de manière intradiégétique, certes, mais surtout le cinéma lui-même du point de vue de la forme) ne peut trouver son inspiration que dans la reconnaissance d'une rupture et d'un retard.

Une rupture, tout d'abord. La création se comprend ici à partir d'une béance historique, d'une désarticulation du temps, d'une rupture de continuité. Il ne s'agit pas simplement de relativiser les catégories temporelles, comme on le lit dans certains commentaires, de suggérer que le temps et l'espace ne sont que des catégories toute subjectives. Le propos du film serait alors par trop simpliste. Non, il s'agit bien, selon moi, de briser le cours du temps, de le rendre mal aisé, difficilement habitable, parce qu'il est déchiré par la concomitance fictionnelle de deux époques en principe séparées. Les donner à voir toutes deux en même temps à l'image, c'est au fond disqualifier toute forme de succession. Il existe bien un passé et un présent dans la narration. Mais ils ne se succèdent plus, ils s'opposent, s'affrontent, et c'est en vain que les personnages (Eben Adams au premier chef) tentent de les réarticuler. Le temps trahit les attentes. Souvenons-nous de ce que, à travers l'un de ses personnages, Philip Roth disait de la mélancolie : on s'y habitue comme l'on s'habitue aux trahisons de l'histoire. Ici, l'histoire trahit non pas parce qu'elle brouillerait passé et présent, mais parce que les donnant à voir dans la même image narrative, elle révèle le gouffre qui sépare deux époques. On ne s'étonnera pas, dès lors, de la tonalité mélancolique qui teinte *The Portrait of Jennie* : le temps est hors de ses gonds parce que deux époques qui devraient se succéder apparaissent inarticulables – le cinéma après le théâtre de « vaudeville », le cinéma comme forme de création qui produit un saut par rapport à une forme présentée comme ancienne.

Or, cette mélancolie tient aussi au fait, parfaitement corrélatif, que le cinéma se perçoit comme en retard sur la forme qu'il dépasse. Il n'est pas dans un rapport d'intimité avec ce qui le précède et aurait pu l'engendrer, puisqu'il y a précisément rupture de continuité. Il ne vient pas seulement « après », comme dans un cours continu de l'histoire. Il est en retard parce qu'il y a eu un saut dans l'histoire. Ce retard implique dès lors bien plus qu'une relève : un rapport à ce qui disparaît dans son étrangeté même. Voilà ce qui constitue cette fois la création dans l'« après » en un drame : puisque la création cinématographique survient sur fond d'une rupture avec ce qui précède, et non d'une continuité, cela implique qu'elle a rapport à une origine qu'elle ne peut rejoindre, sans s'en affranchir pour autant. N'est-ce pas là précisément ce qui caractérise la relation de Eben Adams, peintre en manque d'inspiration, à Jennie, son modèle qui fait renaître cette inspiration?

Un écart toujours maintenu avec le révolu qui, en même temps, est présent et s'échappe.

Réfléchissons plus précisément à ce qu'est cette relation sans nul doute mélancolique et qui nous est révélée comme moteur de la création. Que nous raconte, au fond, *The Portrait of Jennie?* La rencontre entre un peintre désœuvré et une étrange jeune fille du passé. Mais plus encore : la répétition du cours de l'existence de Jennie – en « accéléré », ce qui renforce l'hétérogénéité entre le temps présent de Eben Adams et le temps passé de Jennie, qui ne peuvent avoir le même rythme dans leur désarticulation. Or, le cours de cette existence passée est tragique : Jennie vit la perte de ses parents avant de disparaître elle-même tragiquement, emportée par une énorme vague lors d'un ouragan imprévu à Cape Cod. Ce passé qui est revécu n'est pas celui d'un accomplissement – telle n'est pas la tonalité de cette étrange narration. Bien au contraire, le passé est ici défini par sa disparition même, son effacement tragique. Or, Eben Adams, dont l'enquête a permis de remonter l'histoire de l'apparition spectrale, veut à tout prix tenter la « seconde chance » – pour que l'histoire ne se répète pas.

La fameuse dernière séquence à Cape Cod puise toute sa dramaturgie dans cette seconde chance, pourtant vouée à l'échec. Mais est-ce vraiment un échec? Dans un plan qui rappelle la séquence finale de *Duel in the Sun*, Joseph Cotten tente de retenir par la main Jennifer Jones (alors que la main de Gregory Peck se tendait vers la même Jennifer Jones en une mort partagée, dans le western flamboyant déjà produit par Selznick). Mais Jennie accepte sa propre disparition et attend sereinement la vague qui l'emportera. Quand Eben Adams revient à lui, dans une maison de pêcheur où la marchande d'art Spinney l'a veillé, son désespoir cède le pas à un rayonnement presque joyeux lorsque celle-ci lui remet le foulard de Jennie, trouvé à ses côtés, sur les rochers du cap. Il sait que sa rencontre avec Jennie fut réelle – que cela a été, tout simplement. C'est ainsi qu'il devient capable d'achever sa plus grande œuvre, le portrait de Jennie. Il semble bien que le sauvetage de Jennie n'était donc pas une quelconque condition de réalisation de l'œuvre, pas même de l'accomplissement du peintre.

Artiste créateur, Adams l'est pleinement alors même que Jennie a disparu derechef – alors même que la seconde chance a été courue et manquée. L'effacement n'a en fin de compte rien empêché de la création artistique. N'est-ce pas dès lors que lui-même a rendu possible la création?

Je m'explique. La question du souvenir est omniprésente dans *The Portrait of Jennie*. On pensera d'abord au souvenir d'un amour de jeunesse perdu pour la vieille Spiney, souvenir qui nourrit d'ailleurs son attachement pour Eben Adams qui lui rappelle cet amour de jeunesse – au fond, c'est à nouveau le principe de la seconde chance qui est en jeu ici, mais traité avec légèreté, tant Spinney elle-même ne peut sérieusement y croire. Il peut d'ailleurs sembler que cette « seconde chance » là n'est mobilisée que comme un contrepoint parodique et léger de la relation du peintre à son modèle fantomatique. Dans la même tonalité légère, on notera que le souvenir est ce qui commande l'ornement du bar irlandais que fréquente Eben par une fresque célébrant les exploits de Michael Collins, dont la mémoire est si chère aux immigrés irlandais. Mais surtout, et bien évidemment, le souvenir est au cœur de l'enquête que mène Eben Adams pour comprendre qui donc est cette insaisissable Jennie.

Le vieil employé du Rialto Theater, qui officia d'abord au Hammerstein, souligne la qualité de sa mémoire alors même qu'il échoue à se rappeler précisément des parents de Jennie. C'est que, dit-il, il a besoin de suivre pas à pas l'histoire pour remonter jusqu'aux événements évoqués par Eben Adams. Il tente en vain de reconstituer une mémoire continue, alors que le ressouvenir fait des sauts. Un saut que l'enquête de Eben Adams devra aussi faire, en se rendant chez un nouveau témoin, une autre employée, qui a bien connu, elle, Jennie et ses parents et qui se souvient parfaitement de l'accident qui causa la mort de ceux-ci. Le témoignage de cette ancienne employée ne vient pas prolonger ou confirmer celui du vieillard du Rialto Theater, il survient après l'échec de ce dernier, au-delà de ses bornes. Il en va de même pour un troisième personnage, Sœur Marie de la Miséricorde (Lilian Gish), qui relance l'enquête à son tour, elle qui a conservé toutes les lettres de son élève préférée et qui ne parvient pas à en faire le deuil. Chacune de ces étapes relance Eben Adams en excitant à chaque fois son espoir de transformer le passé en courant la seconde chance. La rencontre avec les pêcheurs, qui se souviennent de la nuit d'ouragan qui tua jadis une jeune fille, est le point culminant de cette enquête et conduit jusqu'à sa plus extrême urgence le désir salvateur du peintre. Il ne s'agit donc pas de fixer un passé révolu, intégrable comme tel par le présent, mais bien de mobiliser le passé dans une excitation du présent et de son action, une excitation qui se nourrit de l'écart même qui les sépare et les désarticule. Tous les personnages de ce film sont ainsi hantés ou habités par le ressouvenir, même avec des imprécisions, même avec des incohérences, et c'est ainsi qu'ils soutiennent la création de Eben Adams, comme des bonnes âmes miraculeusement placées sur son chemin. Ils ravivent le souvenir, le soutiennent dans ses discontinuités et ses contradictions – ils relancent l'exigence que le spectre a adressé à l'artiste : « Eben, promettez de ne pas m'oublier ».

Le souvenir est omniprésent, mais sa fonction est bien de maintenir vivante la tentation de la seconde chance. N'est-ce pas dès lors cette modalité paradoxale du souvenir (qui refuse le passé et cherche à le réinventer, plutôt qu'il le reconnaît et l'entretient) qui est le moteur de la création de Eben Adams? La création est en retard, nous l'avons vu. Elle vient « après », dans une discontinuité par rapport à la forme qui l'a précédée. Ce retard lui interdit de se fonder sur un sol fixe. Il n'y a pas de substrat à la création, mais bien un effacement. Ce n'est pas le souvenir constitué de Jennie qui pousse Eben Adams à créer, mais l'effort pour que la jeune femme ne disparaisse pas à nouveau. Le peintre n'oublie pas le modèle et en fait un tableau en s'efforçant de retenir cette existence qui s'efface. Voilà toute la logique de la seconde chance et la raison pour laquelle elle n'est pas courue en vain – quoi qu'il en soit du destin tragique qui se répète. Dans sa tentative de retenir ce qui s'efface, Eben Adams répond à l'injonction de Jennie de ne pas l'oublier. Il se souvient non pas en contemplant l'image de Jennie, mais en créant son portrait pour qu'elle ne disparaisse pas. Entendons bien que c'est ici la conjonction du mouvement d'effacement et du « faire » du portrait qui importe – portrait qui est en cours d'achèvement lors de la séquence de l'ouragan et sera exposé ensuite, apparaissant à l'écran en Technicolor. Se souvenir est alors un désir de conserver *en acte*, en quoi consiste en fin de compte la seconde chance : ce n'est qu'en luttant contre un effacement qui se répète que l'on se souvient. Tel est le principe de la création : créer signifie que l'on se sait en retard, un retard que l'on tente sans cesse et en vain de résorber. Dans cet effort, et seulement dans cet effort, le peintre ou le réalisateur – disons : l'artiste, puisque c'est bien de cela qu'il s'agit dans *The Portrait of Jennie* – fait vibrer le souvenir en le répétant dans le devenir de son effacement. La création dans l'après est ici bel et bien mélancolique.

recommencer la création : « Vertigo »[1]

Revenons un instant à la vision naïve – même si cinéphilique – de *The Portrait of Jennie* par un spectateur qui connaît son *Vertigo*. Le vert des dernières séquences évoque celui du filtre vert utilisé par Hitchcock dans de nombreuses séquences de son chef-d'œuvre. Mais de quel vert s'agit-il dans *The Portrait of Jennie*? Si l'on peut considérer que cette couleur est vive lorsqu'elle matérialise à l'écran l'orage et ses premiers éclairs forcément lumineux, toute la suite de la séquence favorise un vert désaturé, pâle, par moments proche d'un vert-de-gris ou même à la limite du bleu – rappelons que le vert est classiquement situé sur l'échelle chromatique entre le jaune et le bleu et qu'à partir de la Renaissance, il a souvent été considéré non plus comme « une couleur de base, mais une couleur de second rang, une couleur mixte, produite par l'union du bleu et du jaune »[2]. Dieterle et Selznick se dirigent clairement vers un vert dépourvu de sa vivacité et même, pour tout dire, de sa *vitalité*. Confusément, nous percevons dans une telle gamme de vert quelque chose qui est plutôt de l'ordre de l'instabilité,

1. Pour une analyse de plus grande ampleur de *Vertigo*, indépendante des questions qui dirigent ce livre-ci, je me permets de renvoyer à L. Van Eynde, *Vertige de l'image. L'esthétique réflexive d'Alfred Hitchcock*, Paris, P.U.F., 2010, p. 101-165.

2. M. Pastoureau, *Vert. Histoire d'une couleur*, Paris, Seuil, 2017, p. 141.

de la perte et même de la déliquescence – tout particulièrement dans les masses nuageuses et l'immense vague, mais aussi lorsque Eben Adams, immobile (la mise en scène choisit ici un arrêt sur image), regarde vers les hauteurs intérieures du phare, dans cette spirale verte qui annonce l'effet de vertige de *Vertigo*.

Et dans *Vertigo*, de quel vert parle-t-on, précisément? Hitchcock s'est expliqué à plusieurs reprises sur l'utilisation d'un filtre vert dans certaines séquences. Il a évoqué cet effet avec Truffaut, bien entendu[1], mais il me semble que ce sont ses échanges avec Peter Bogdanovich qui sont les plus explicites et les plus utiles à l'analyse que je propose ici. Évoquant Judy qui a achevé sa transformation en Madeleine sur l'insistance de Scottie, Hitchcock commente : « Maintenant, quand elle sort, il voit un fantôme – il voit l'autre femme. C'est pourquoi je l'ai éclairée avec une lumière verte. Vous voyez, dans la première partie – qui est entièrement vue à travers les yeux de Stewart –, il observe cette femme qu'il suit partout où elle va, elle qui fait semblant d'être une autre, qui se comporte comme une femme d'un autre temps. Dans le but de donner à l'image une subtile dimension de rêve éveillé, et bien que nous ayons tourné sous un soleil éclatant, j'ai filmé cette partie en utilisant un filtre qui donne une légère sensation de brouillard – un brouillard recouvrant une journée ensoleillée – et j'ai donné une teinte verte à la photographie. C'est pourquoi, quand elle sort de la salle de bain, j'ai éclairé Kim Novak avec une lumière verte. C'est aussi la raison pour laquelle j'ai choisi de tourner dans l'Empire Hotel sur Post Street – parce que l'enseigne lumineuse verte éclairait la pièce à travers la fenêtre. Je voulais qu'à tout moment, il y ait cette lueur verte. Ainsi, quand nous en avions besoin, nous pouvions l'utiliser. J'ai donc inséré le filtre derrière l'objectif et, quand elle s'avance vers lui, il voit l'espace d'un instant une image surgie du passé. Quand elle rapprochait son visage du sien, j'ai enlevé le filtre et ce qu'il voyait était désormais la

1. *Cf.* Fr. Truffaut, *Hitchock/Truffaut*, *op. cit.*, p. 208-209.

réalité. Elle est revenue d'entre les morts, et il l'a senti, il l'a su et sans doute en a-t-il été abasourdi »[1].

Bien sûr, l'évocation d'une figure fantomatique, d'un personnage « qui se comporte comme une femme d'un autre temps » ne peut manquer de nous rappeler Jennie alors même qu'il est ici question de Madeleine/Judy. Ces parallèles nous sont maintenant bien connus. Mais l'important est que ces figures spectrales sont explicitement teintées de vert. On pourrait à la rigueur lire dans les explications d'Hitchcock l'idée d'une réminiscence formelle : puisque le vert a été associé à Madeleine, la première femme, et que Scottie la redécouvre en Judy, il faut recourir à nouveau au vert pour visualiser la réminiscence. Mais ce serait évidemment par trop réducteur. La matière même du vert et de ses significations est ici en jeu. Or, Hitchcock souligne que l'utilisation du filtre vert derrière l'objectif donne une sensation de brouillard. Il s'agit bien du vert (qui est rappelé plus tard aussi par des éléments internes au décor, comme le néon vert de l'Empire Hotel), mais un vert que l'on pourrait donc dire nébuleux ou brouillé. Et c'est en tant que tel qu'il est associé à la figure fantomatique. De fait, il ne s'agit jamais d'un vert éclatant, mais bien d'une teinte à nouveau désaturée. C'est bien pourquoi le rapport avec les dernières séquences de *The Portrait of Jennie* est si évident : une même matière chromatique suggère une signification potentiellement identique. Je reviendrai plus loin sur la fin de l'explication de Hitchcock, qui comporte encore quelques éléments intéressants, mais il est temps de réfléchir plus précisément à cette signification du vert.

Spécialiste de l'histoire des couleurs, l'historien Michel Pastoureau montre comment la Renaissance a été une époque charnière pour l'évolution de la signification que l'Occident a attribuée à cette couleur. Si le Moyen Âge, essentiellement après l'an mille, en avait promu les valeurs courtoises et chevaleresques, les derniers siècles de cette période en modifient déjà la tonalité : « Couleur chimiquement instable, le

1. P. Bogdanovich, *Les maîtres d'Hollywood. Entretiens avec Peter Bogdanovich*, t. 2, *op. cit.*, p. 74.

vert est en effet souvent associé, dans les derniers siècles du Moyen Âge, à tout ce qui est symboliquement instable : non seulement l'enfance et la jeunesse, l'amour et la beauté, mais aussi la chance, l'espérance, la fortune, la destinée. Par là même, il apparaît comme une couleur ambiguë, inquiétante et même dangereuse »[1]. Cette évolution va s'accentuer dans les siècles suivants, du XIVe au XVIe. Et la symbolique du vert prendra d'autres accents. S'il n'est pas question d'effacer le lien de cette couleur avec la nature, sa dimension inquiétante prend de l'importance : dans l'imaginaire chrétien de l'époque, le bestiaire du diable est peuplé de créatures vertes, tandis que, d'un point de vue matériel, « la réorganisation des métiers de la teinturerie interdit désormais de mélanger du bleu et du jaune pour faire du vert »[2], de telle sorte que la production de la teinture verte se fera au prix d'une transgression des règles professionnelles.

Dans le même temps, une attention particulière sera portée à une gamme de verts plus étendue, notamment en direction de la désaturation, qui connote tout à fait négativement le vert, en le faisant évoluer en verdâtre : « Aqueux, visqueux, désaturé, ce vert négatif est parfois aussi un verdâtre. La couleur n'est alors ni vive ni franche mais plus ou moins grisée, éteinte, blanchâtre. Dans les images comme dans la réalité, cette tonalité verdâtre [...] est toujours inquiétante, sinon mortifère. C'est la couleur de la moisissure, de la maladie, de la putréfaction et surtout des chairs décomposées. Par là même, c'est aussi celle des cadavres et, par une relation analogique dont le Moyen Âge [et il faut entendre ici : Moyen Âge dont les siècles suivants héritent] est coutumier, celle des revenants qui quittent le pays des morts pour venir sur terre tourmenter les vivants et réclamer leurs droits à la vie éternelle. Ils sont parfois blancs, comme nos fantômes modernes, mais le plus souvent grisâtres ou verdâtres, comme les spectres, les apparitions et la plupart des esprits sortis du monde du rêve ou de la

1. M. Pastoureau, *Vert. Histoire d'une couleur*, *op. cit.*, p. 96-97.
2. *Ibid.*, p. 118.

nuit »[1]. La proximité de ce vert/verdâtre avec le blanchâtre et le grisâtre évoque immédiatement pour nous les dominantes brouillardeuses de l'image filtrée de *Vertigo* autant que les tentations de bleu et de gris de la séquence en couleurs de *The Portrait of Jennie*. La prégnance de l'élément aqueux est corrélativement évidente dans l'un et l'autre film – pour *Vertigo*, il suffira de penser à la séquence où Madeleine se jette dans l'eau sous le Golden Gate Bridge, moment pivot de la narration filmé dans cette lumière verdâtre immédiatement reconnaissable.

On pourrait recourir, pour évoquer le vert si particulier commun aux deux films, à une expression française qui apparaît à la Renaissance, le « vert perdu », qui s'oppose, comme le verdâtre, au vert saturé de la nature : « Le vocabulaire français traduit ces différences par deux expressions imagées : *vert gai* pour les nuances agréables à l'œil, *vert perdu* pour celles dont la coloration est déplaisante »[2]. La qualification de ce « vert perdu » cerne ce qui, dans cette couleur, est de nature instable et de connotation négative : « Quel que soit le procédé utilisé, c'est une couleur qui "tient" mal – et qui tiendra mal jusqu'au XVIIIe siècle. D'où la réputation négative qui lui est souvent associée. C'est une *fausse couleur*, c'est-à-dire une couleur incertaine, changeante, trompeuse, tout à la fois séduisante et décevante. En elle, *il n'y a pas de fiance* ("on ne peut avoir aucune confiance"), nous dit un poète anonyme de la fin du XVe siècle. Chimiquement instable, le vert est symboliquement associé à tout ce qui est mouvant ou éphémère [...] et à tout ce qui est mensonger, perfide et hypocrite »[3].

La fin du Moyen Âge et la Renaissance ont ainsi constitué une signification pour la couleur verte toute en morbidité, instabilité et tromperie – du moins quand ce vert est désaturé, bien entendu. Que cette couleur soit partagée par les deux films qui nous préoccupent est dès lors évidemment signifiant. Sa prégnance visuelle – et que ce soit tout au long du film chez Hitchcock ou seulement dans une dernière

1. M. Pastoureau, *Vert. Histoire d'une couleur*, *op. cit.*, p. 107.
2. *Ibid.*, p. 124.
3. *Ibid.*, p. 125.

séquence (mais pour le moins marquante) chez Dieterle ne change rien à l'affaire – confère à ces deux œuvres une signifiance commune qui mêle étroitement la morbidité et l'instabilité. Le spectre de la femme qui fait retour témoigne à la fois de la mort, de la disparition, de l'effacement, et de l'instabilité des limites entre vie et mort, puisqu'il s'agit précisément de faire retour. Le roman de Boileau-Narcejac dont est adapté le scénario de *Vertigo* s'intitule *D'entre les morts* – il faut entendre : « revenir d'entre les morts ». La figure féminine, qui se nomme déjà ici Madeleine, y est explicitement comparée à Eurydice[1], qu'Orphée avait également tenté de ramener à la vie en se rendant au royaume des morts. Les limites de l'existence perdent de leur stabilité, vacillent et se brouillent donc, dans ce vert désaturé dont Hitchcock soulignait justement qu'il jetait un brouillard sur une lumière vive. L'instabilité des limites entre le mort et le vivant ouvre la possibilité, si elle ne pose pas même l'exigence, d'un recommencement, d'une action éventuellement créatrice qui se définit d'emblée comme étant dans un *après*, un *après* toujours inquiétant puisque ce qui précède cette action et la suscite échappe depuis les tréfonds de la perte et demeure en retrait, quelque part parmi les morts, mais si proche pourtant. Ce sont bien ces enjeux que le « vert perdu » contribue à dessiner visuellement.

Mais il est une connotation du vert mise en avant par les travaux de Michel Pastoureau que je n'ai pas pointée comme commune : la tromperie, l'hypocrisie, le mensonge. C'est qu'il n'y a rien de tout cela dans l'œuvre à certains égards « merveilleuse » de Dieterle, où le héros est à plusieurs reprises miraculeusement guidé par ses rencontres (Spinney, Gus etc.) et même par les souvenirs, fussent-ils discontinus, des témoins qu'il interroge au cours de son enquête. *A contrario*, l'œuvre de Hitchcock ne se différencie-t-elle pas de celle de Dieterle par cette connotation spécifique qui viendrait alors s'ajouter à celles, communes, de morbidité et d'instabilité? C'est en tout cas mon

1. *Cf.* Boileau-Narcejac, *D'entre les morts*, Paris, Denoël, 1958, réédité en Folio-Gallimard en 2014 sous l'intitulé *Sueurs froides* – qui reprend donc le titre français de *Vertigo* (*cf.* plus précisément, dans l'édition Folio, la page 64).

hypothèse et l'étayer me permet de revenir, comme annoncé, sur la fin de la citation de Hitchcock dans son échange avec Bogdanovich.

Reprenons les dernières lignes de cette citation : « Quand elle rapprochait son visage du sien, j'ai enlevé le filtre et ce qu'il voyait était désormais la réalité. Elle est revenue d'entre les morts, et il l'a senti, il l'a su et sans doute en a-t-il été abasourdi ». L'argument est ici sensiblement différent de celui de *The Portrait of Jennie*. S'il y a une différence entre deux femmes chez Dieterle, il s'agit d'une différence toute relative puisqu'elle se situe entre la Jennie qui fut et celle qui fait retour – un fond d'identité est donc d'emblée posé. Dans *Vertigo*, au contraire, la différence est d'abord posée entre deux femmes, bien qu'elle révèle en fin de compte une identité cachée. La première femme est Madeleine, que Scottie devait protéger, mais qui lui a échappé (Scottie est sujet à un puissant vertige) pour se suicider en se jetant du haut du clocher de l'église de San Juan Bautista; la seconde femme est Judy, croisée dans les rues de San Francisco par un Scottie errant, hanté par le souvenir de Madeleine au point de déceler une étrange ressemblance qui l'attire dans ce nouveau corps, alors même que l'attitude, le style vestimentaire, le comportement diffèrent. Scottie suit cette seconde femme jusque dans son hôtel et l'aborde, l'interroge, veut la revoir. Après des hésitations, Judy accepte un dîner en tête-à-tête. Scottie quitte la chambre, la caméra reste sur Judy. Pour la première fois dans le film, l'image n'est plus construite à partir du point de vue de Scottie, mais, en l'occurrence, à partir de celui de Judy. Gros plan sur son visage, fondu enchaîné sur un flash-back. Le spectateur découvre que Scottie a été victime d'une manipulation : celle qu'il a prise en filature et dont il est tombé amoureux n'était pas Madeleine, mais une jeune femme engagée pour jouer son rôle – et qui ne s'est pas suicidée. Lorsqu'elle est parvenue au sommet du clocher de San Juan Bautista, Gavin Elster – le mari qui a engagé Scottie – l'attendait avec le corps de sa vraie femme, morte assassinée. C'est ce corps qui fut jeté dans le vide. Scottie, tétanisé par son vertige et son sentiment de culpabilité, a quitté les lieux sans voir le corps. Quant à cette Judy qu'il vient d'aborder, elle n'est autre que la femme qui a joué le rôle de Madeleine et qui, retrouvée fortuitement, lui apparaît désormais sous d'autres atours, que l'on pourrait dire plus « bruts », une autre teinte de cheveux, un autre maquillage, d'autres tenues. Elle évoque la Madeleine qu'elle fut pour Scottie sans être identifiable pour lui.

Le spectateur a donc une longueur d'avance sur le personnage principal : nous savons qu'il a été manipulé et que ces deux femmes n'en font qu'une. Il est bien connu que Hitchcock a fait de ce dévoilement anticipé de la clé de l'intrigue (nous sommes aux deux tiers du film, à peu près, lorsque commence le flash-back) un exemple type du statut qu'il donne au suspens dans son art de la mise en scène. Le réalisateur refuse de le sacrifier pour un effet de surprise, tel celui qui saisit le spectateur quelques minutes seulement à la fin d'un film lorsqu'il découvre la résolution inattendue d'un mystère. Hitchcock revendique que le véritable suspens consiste précisément à ménager une longueur d'avance au spectateur qui peut être « tenu en haleine » [1] en observant le comportement des personnages moins bien informés que lui.

Observons le déplacement que Hitchcock fait ainsi subir à l'enjeu de *Vertigo* par rapport à ses sources avérées, supposées ou simplement possibles. En effet, Hitchcock et ses scénaristes (notamment Sam Taylor, que le réalisateur évoque nommément dans ses conversations avec Bogdanovich) introduisent ainsi une différence majeure par rapport à la matière première qu'ils adaptent, le roman d'*Entre les morts* de Pierre Boileau et Thomas Narcejac, dans lequel le lecteur ne comprend qu'à la fin du roman, en même temps que le héros, que celui-ci a été dupé.

De manière plus indirecte, on se doit aussi d'évoquer *Bruges-la-Morte*, de Georges Rodenbach[2]. L'influence du célèbre roman symboliste s'est-elle exercée sur Boileau et Narcejac et ainsi indirectement sur Hitchcock? Ou Hitchcock a-t-il eu connaissance du livre de Rodenbach ou de son adaptation en opéra par Erich Wolfgang

1. P. Bogdanovich, *Les maîtres d'Hollywood. Entretiens avec Peter Bogdanovich*, t. 2, *op. cit.*, p. 73.

2. Je remercie Léna Lecocq d'avoir attiré mon attention sur les relations entre *Vertigo* et le roman de Rodenbach.

Korngold, sous le titre *Die tote Stadt*, en 1920? Toujours est-il que certains passages du roman de Rodenbach (surtout la fin du chapitre II) annoncent clairement les séquences où Scottie découvre et suit Judy : « Tout à coup, […] Hugues qui, d'ordinaire, remarquait à peine les passants, si rares d'ailleurs, éprouva un émoi subit en voyant une jeune femme arriver vers lui. […] À sa vue, il s'arrêta net, comme figé; la personne, qui venait en sens inverse, avait passé près de lui. Ce fut une secousse, une apparition. Hugues eut l'air de chavirer une minute. Il mit la main à ses yeux pour écarter un songe. Puis, […] il se mit soudain à la suivre. Il marcha vite pour la rejoindre, allant d'un trottoir à l'autre, s'approchant d'elle, la regardant avec une insistance qui eût été inconvenante si elle n'avait apparu toute hallucinée. La jeune femme allait, voyait sans regarder, impassible. Hugues semblait de plus en plus étrange et hagard. Il la suivait maintenant depuis plusieurs minutes déjà […]. Il semblait attiré et effrayé à la fois, comme par un puits où l'on cherche à élucider un visage… Eh bien! oui! cette fois, il l'avait bien reconnue, et à toute évidence. […] Est-ce que sa raison périclitait à présent? Ou bien sa rétine, à force de sauver la morte, identifiait les passants avec elle? Tandis qu'il cherchait son visage, voici que cette femme, brusquement surgie, le lui avait offert, trop conforme et trop jumeau. Trouble d'une telle apparition! Miracle presque effrayant d'une ressemblance qui allait jusqu'à l'identité. Et tout : sa marche, sa taille, le rythme de son corps, l'expression de ses traits, le songe intérieur du regard, ce qui n'est plus seulement les lignes et la couleur, mais la spiritualité de l'être et le mouvement de l'âme – tout cela lui était rendu, réapparaissait, vivait! […] Ah! comme elle ressemblait à la morte! »[1]. Ici, le personnage masculin, prénommé Hugues, est sous la fascination de la morte et la reconnaît en un corps autre. La fascination n'efface pas la différence. Et il n'est nullement question de

1. G. Rodenbach, *Bruges-la-Morte*, Paris, Garnier-Flammarion, 1998, p. 74-79. La proximité entre *Vertigo* et *Bruges-la-Morte* a été remarquablement mise en image dans un épisode de l'émission *Blow Up*, diffusé sur Arte le 16 mars 2017 et disponible en ligne : https://www.arte.tv/fr/videos/060738-210-A/blow-up/ (consulté le 13 août 2019).

manipulation de Hugues. Pas plus qu'il n'est question de manipulation ni de tromperie, enfin, dans *The Portait of Jennie*.

Ces deux dernières « sources » de *Vertigo* n'empruntent pas, elles, la piste de la manipulation : elles jouent sur le spectral, sur l'idée d'un retour, mais jamais sur la construction d'un mécanisme trompeur; le merveilleux et la fascination peuvent dès lors dominer le propos. Le roman *D'entre les morts* introduit quant à lui l'enjeu de la manipulation, mais ce n'est que dans *Vertigo* que toute l'attention est portée sur la situation du héros en tant qu'il est manipulé – en quoi consiste précisément le suspens hitchcockien introduit par le flash-back de Judy. Autrement dit, la spécificité du film de Hitchcock consiste en ce qu'il se situe en deçà du merveilleux, dans une action manipulatrice, et par là précisément dans un « faire créateur » qui précède et produit l'apparition spectrale. C'est bien pourquoi Hitchcock, commentant son recours au fameux filtre vert, et conjointement son renoncement à celui-ci au moment fatidique (lorsque Judy et Madeleine se confondent totalement sous les yeux de Scottie), peut jouer d'une transition entre l'image et la réalité : Scottie ne peut plus faire la différence entre les deux personnages féminins, Judy devient la vraie Madeleine. Ce qui est précisément incompréhensible, jusqu'à ce que… Mais je n'ai pas encore cité la dernière ligne du commentaire de Hitchcock devant Bogdanovich : « Jusqu'à ce qu'il aperçoive le médaillon[1] – alors il comprend qu'il a été dupé »[2]. C'est-à-dire que le recouvrement parfait du réel et de la représentation n'est pas soutenable ici (comment comprendre que Judy soit devenue Madeleine? – « sans doute [Scottie] en a-t-il été abasourdi ») et reconduit à la manipulation qui est sous-jacente à l'apparition.

Dans les dernières séquences du film, cette fois dominées par la lucidité de Scottie, l'idée d'une seconde chance devient explicite.

1. Il s'agit du collier qui est censé avoir appartenu à Carlotta Valdes, et dont Judy ne peut être en possession que parce que toute cette histoire était un piège (Elster lui en fait cadeau).

2. P. Bogdanovich, *Les maîtres d'Hollywood. Entretiens avec Peter Bogdanovich*, t. 2, *op. cit.*, p. 74.

Est-ce à dire qu'avant cela, l'enjeu était absent du film? Certainement pas! Il l'innerve tout du long. Scottie est un officier de police qui a dû renoncer à sa carrière pour cause de vertige et l'enquête que lui a confiée Gavin Elster représente déjà pour lui une seconde chance. On pourrait même dire que le comportement de Midge, fiancée de jeunesse oubliée par Scottie, consiste aussi à essayer de courir une seconde chance en ravivant son amour pour elle. Enfin, dès le début de la rencontre de Judy, il est évident que Scottie voit en celle-ci une seconde chance de vivre son amour pour la disparue. Mais lorsque Scottie devient enfin conscient qu'il a été victime d'une manipulation, il remonte lui-même en deçà de ce jeu des apparitions dédoublées pour saisir la seconde chance qui lui est offerte *de créer*. Ou pour le dire autrement : Scottie comprend désormais que la seconde chance relève d'une rivalité entre créateurs. Voilà ce qu'il me reste maintenant à expliquer pour comprendre clairement la position centrale de *Vertigo* dans la constellation que dessine ce premier chapitre.

Les célèbres apparitions de Hitchcock dans ses propres films relèvent de degrés de signification extrêmement divers. Elles sont quelques fois, faut-il le dire, tout à fait anecdotiques – simples clins d'œil de principe, auxquels Hitchcock a parfois regretté de devoir sacrifier pour ne pas décevoir l'attente un peu frivole du spectateur. Mais elles ont aussi parfois condensé le sens de l'œuvre en un seul plan. Ainsi en va-t-il dans *Vertigo*. Nous sommes encore au début du film. Gavin Elster invite Scottie dans ses bureaux (il dirige l'entreprise de construction navale dont a hérité sa femme Madeleine). Anciens condisciples d'université, ils ne se sont plus vus depuis ces lointaines années où ils étudièrent ensemble le droit. Or, au moment où Scottie se prépare à entrer dans les bâtiments de l'entreprise de Gavin Elster, il croise un Hitchcock bonhomme et indifférent. Et pourtant, on peut bien considérer que tout se joue ici.

En effet, le réalisateur de *Vertigo* croise ainsi (par évocation au regard des lieux, dans le cas de Gavin Elster) les deux personnages de son film qui se comporteront eux-mêmes comme des réalisateurs. Le *cameo* de Hitchcock se donne cette fois comme un point de cristallisation – cristallisation de trois modes de création. Le premier mode – Hitchcock réalisateur – vaut évidemment comme foyer des deux autres; c'est en référence à Hitchcock qu'Elster et Scottie peuvent et doivent être interprétés comme des créateurs. Le second mode est celui qu'incarne Gavin Elster dès cette première séquence, même si on le comprend surtout *a posteriori*. Elster est d'ores et déjà dans la manipulation et il est en quelque sorte artiste. Il évoque sa nostalgie de l'ancien San Francisco, celui où les hommes pouvaient prétendre à la puissance et à la liberté. Or, c'est une forme de puissance et de liberté qu'il met théâtralement en scène en s'efforçant de convaincre Scottie d'accepter la mission qu'il veut lui confier. Scottie se trouve au premier plan, au niveau du bureau d'Elster. Ce dernier se lève et sa déambulation, apparemment dépourvue de direction, le conduit vers une salle de réunion qui se situe à l'arrière-plan et est surélevée d'une marche ou deux par rapport au niveau du premier plan. C'est depuis cette « hauteur » – toute relative, certes, mais qui vaut comme un décalage dramatique – que Elster livre son histoire à dormir debout, à savoir une Madeleine hantée par une ancêtre, Carlotta Valdes, dont elle ignore en principe le destin tragique et même le lien de parenté qui les unit. La salle de réunion constitue la scène d'où Elster s'adresse à son public, composé aussi bien de Scottie que des spectateurs du film de Hitchcock. Ni Scottie, ni la caméra ne pénètrent dans cet espace surélevé, au demeurant encadré par deux parois de bois, éléments d'architecture de la pièce qui séparent l'espace scénique du parterre et s'apparentent en même temps aux lourds pans d'un rideau de théâtre. Tout à la fois acteur et metteur en scène, Elster manipule Scottie, mais aussi et surtout « Madeleine », ou plus exactement cette Judy à qui il a si bien appris à jouer le rôle de sa femme qu'elle parvient à s'y substituer parfaitement, du moins dans le piège tendu à Scottie. Nous ne voyons pas Elster s'adonner à cette direction d'acteur. Mais nous pouvons la reconstruire grâce à Scottie, une fois que celui-ci a compris qu'il a été dupé. Il faut analyser le troisième mode de création, incarné par Scottie, pour saisir l'écart qui le sépare du second (Elster).

Après la mort de Madeleine, dont il se sent coupable, Scottie est hospitalisé quelque temps pour un état dépressif – mélancolique, peut-on dire, le mot apparaissant d'ailleurs dans les échanges entre Midge et le psychiatre. Lorsqu'il quitte l'hôpital, il erre dans San Francisco, revient sur ses pas aux différents endroits où il a vu, suivi, rencontré Madeleine. Jusqu'au moment où cette quête erratique d'une figure spectrale rencontre Judy, qui n'est pas reconnaissable, mais évoque la morte. Dès ce moment, pourrait-on dire, Scottie court sa *seconde chance*. Il entraîne Judy sur ces lieux où il errait seul il y a peu de temps encore. Il lui fait occuper l'espace à la manière de la Madeleine disparue. Il la construit petit à petit en figure spectrale. Mais n'est-ce pas là précisément ce que Elster avait joué avant lui? Dirigeant Judy en Madeleine, il lui fait interpréter le rôle de sa femme, certes, mais il constitue surtout une figure spectrale : Madeleine/Judy *joue* le rôle d'une femme habitée par une autre, la fameuse Carlotta Valdes. Et c'est d'ailleurs dès ce moment que *Vertigo* remonte en deçà des enjeux de *The Portrait of Jennie* (ou de *Bruges-la-Morte*), comme je l'ai souligné : le rapport à la figure spectrale ne relève plus du merveilleux, mais bien d'une construction, de la composition d'un rôle. Ainsi donc, en s'efforçant de faire de Judy le reflet spectral de Madeleine, Scottie est déjà en retard sur Elster qui a composé le personnage de Madeleine (doublant déjà la vraie Madeleine – c'est bien pourquoi je parle ici d'un *personnage*) en figure spectrale de Carlotta Valdes.

Scottie est bien sûr « en retard » parce qu'il vient « après ». Mais peut-on le considérer comme un *créateur?* A-t-il une telle prétention ou du moins son comportement engage-t-il une telle ambition? Il ne faut évidemment pas s'attendre ici à une relation avec l'art aussi explicite que celle que pose l'état de peintre de Eben Adams dans *The Portrait of Jennie*. Mais la mise en relation de l'action du personnage principal dans *Vertigo* – même si son état est celui, fort peu esthétisant, d'inspecteur de police à la retraite – avec l'agir hitchcockien n'engage pas moins une mise en abîme de la réalisation elle-même.

De longues séquences de la dernière partie de *Vertigo* sont consacrées aux efforts produits par Scottie pour faire ressembler de plus en plus Judy à la représentation qu'il a conservée de Madeleine. Non content de fréquenter les mêmes lieux pour « faire retour », ce qui en soi implique déjà que Judy doit prendre position sur une scène ou dans un décor qui la précède et en quelque sorte dessine son rôle, Scottie met un soin particulier, que l'on peut même qualifier d'obsessionnel, à conformer le corps de Judy – comme si c'était une matière brute ou du moins une matière première –, à le manipuler en somme, pour que Judy ressemble de plus en plus à Madeleine jusqu'à se confondre avec elle en une présence fantomatique. Veillant au moindre détail, il lui choisit des chaussures très spécifiques, un tailleur gris qui devra être précisément celui que portait Madeleine, il change son maquillage et la confie enfin à un salon de coiffure pour modifier sa teinte de cheveux (ceux-ci, bruns, doivent devenir blonds « platine » comme l'étaient ceux de Madeleine). Et lorsque Judy le rejoint ainsi transformée, mais avec les cheveux lâchés dans son cou, il l'a contraint enfin à relever ceux-ci en chignon, pour que la ressemblance, pour ainsi dire l'identification avec Madeleine soit parfaite.

Scottie a composé son personnage et s'est emparé de ce corps comme Hitchcock construisait plastiquement ses actrices à l'écran – avec autant de minutie, de précision, d'obstination – pour qu'elles correspondent au rôle et à la dramaturgie de l'intrigue. En termes stricts, Scottie a construit un personnage de cinéma, il a pris en charge un moment essentiel de la création hitchcockienne. Scottie est-il ainsi un créateur? Dans sa prétention et par l'analogie avec les méthodes de création de Hitchcock lui-même, notamment son rapport avec ses actrices, Scottie se pose effectivement en créateur d'une figure cinématographique. Mais les choses ne sont cependant pas si simples. Car pourquoi Judy accepte-t-elle donc d'être ainsi manipulée, composée, configurée en une autre? C'est qu'elle comprend très bien ce que Scottie, même si ne l'avoue pas, s'évertue à réaliser : la faire ressembler à cette Madeleine qu'elle a *elle-même* été à l'insu de Scottie. Et, me faut-il immédiatement ajouter, le spectateur, informé depuis le flash-back de Judy, le comprend tout aussi bien. La pulsion créatrice de Scottie s'apparente donc surtout à une *recréation*. Ce que nous ne devons pas *a priori* entendre comme une restriction ou une dévaluation : il convient plutôt d'entendre que l'essence même de la création de Scottie est d'être une recréation et que cela ne peut manquer d'en définir le sens esthétique.

Pour autant, il est indéniable que Scottie lui-même perçoit cette recréation comme une dévaluation et même un échec de sa prétention à la création. Mais son comportement est alors des plus ambigus. Conscient de la duperie dont il a été victime, il veut plus que jamais courir sa seconde chance. Il entraîne Judy/Madeleine à la mission de San Juan Bautista où il veut tenter une seconde fois l'ascension du clocher, sans plus perdre de vue, cette fois, cette Judy qui réincarne la Madeleine qui lui avait échappé pour se précipiter dans le vide – ainsi que, du moins, il l'a cru lors de la première ascension. Il jette alors à la tête d'une Judy effrayée : « Tu es ma seconde chance, Judy! ». Et commence la nouvelle ascension.

C'est quand il a dépassé le niveau où son vertige l'avait condamné à renoncer lorsque Madeleine lui a échappé qu'il accuse explicitement Judy d'avoir été l'instrument du projet trompeur d'Elster. Scottie ne nous apprend rien, nous savons déjà tout, comme – bien entendu – Judy elle-même. Mais il est nécessaire qu'il énonce ce qu'il a enfin compris pour assumer une création comme recréation : « Tu étais parfaite dans le rôle de la femme. Il t'avait modelée, hein? [...] Tout comme je t'ai modelée. Mais c'était plus réussi. Les vêtements, les cheveux, mais aussi les attitudes, la façon de parler. Et cet incroyable regard vide. Et tu as sauté dans la baie, hein? Je parie que tu sais très bien nager. Pas vrai? [...] Comment t'a-t-il préparée? Il t'a fait répéter? Il t'a dit exactement ce qu'il fallait faire, dire? Et tu étais une bonne élève, n'est-ce pas? ».

Nous entendons dans ces lignes de dialogue l'identification à l'acte de création cinématographique de Hitchcock que j'ai déjà évoquée, mais cette fois attribuée à Elster. Pour autant, l'affirmation de Scottie doit nous interpeller : « Mais c'était plus réussi ». Il en va ici, bien entendu, d'une dévaluation de la recréation par rapport à la création. Pour Scottie, Elster a créé pour la première fois. Il est à l'origine parce qu'il a conçu la manipulation, il a dessiné la première image, raconté l'histoire pour la première fois. En quelque sorte, Elster apparaît ainsi comme un démiurge absolu, le créateur de la parfaite maîtrise. Pourtant, celle-ci n'est-elle pas un leurre dès lors que Scottie a pu découvrir la manipulation? N'est-elle pas un leurre puisque le hasard d'une rencontre fortuite (ce hasard par lequel sa matière échappe en fin de compte au démiurge) entre Judy et Scottie fait tomber les masques? N'est-elle pas un leurre, puisqu'elle a échoué à dominer totalement et cyniquement son personnage, sa créature – c'est parce que Judy, tout en jouant son rôle, était tombée amoureuse de Scottie qu'elle accepte petit à petit de redevenir Madeleine sous ses yeux? La maîtrise absolue, la maîtrise originaire de Elster n'est, à mon sens, qu'une idée-limite pour Hitchcock : l'idée d'une création qui est première et accomplie parce qu'elle est absolument maîtrisée. Au demeurant, il faut se souvenir que Elster disparaît complètement du drame une fois que sa manipulation paraît avoir abouti et qu'il a ainsi pu se débarrasser de la vraie Madeleine. Plus encore : il ne sera jamais question de ce qu'il est devenu, de ce qu'il risque à présent que la supercherie est éventée. À dire vrai, Hitchcock s'en est tout simplement désintéressé une fois qu'Elster a tenu son rôle : montrer l'idée-limite d'une création parfaitement maîtrisée. Elster n'a aucune réalité dramatique, et sa création originaire n'a dès lors de sens que relativement à la recréation. Le modèle de création qu'incarne Elster s'efface pour donner à voir la création comme étant fondamentalement recréation – Hitchcock pense donc bel et bien ici la création comme étant toujours dans un « après ».

Est-ce à dire que le « vrai » créateur est Scottie, lui qui ne peut que *recréer?* Sans doute – au sens hitchcockien, s'entend. Mais si la figure de Elster vaut comme idée-limite, ou comme idée directrice, pourrait-on dire, elle reste prégnante dans la définition même du mode de création de Scottie. Elle n'a évidemment pas seulement une valeur de repoussoir. De fait, dans l'expression dépréciative de sa recréation,

Scottie trahit la permanence d'un phantasme de toute-puissance de la création. N'est-ce pas d'ailleurs qu'au prix de ce phantasme que la seconde chance peut en fin de compte être courue?

Je l'écrivais quelques lignes plus haut, c'est une fois qu'il est conscient d'avoir été manipulé que Scottie revendique explicitement sa « seconde chance ». Bien sûr, il courait déjà celle-ci en façonnant Judy à l'image de Madeleine. Sa création était d'ores et déjà une recréation. Mais lorsqu'il comprend enfin que Madeleine était déjà elle-même une recréation de la vraie Madeleine (l'épouse dont Elster a voulu se débarrasser et qu'il a assassinée), il saisit pleinement la nature de son acte. Il sait que sa tentative de façonner Judy n'était qu'une seconde chance et pourtant il la court plus que jamais, comme s'il pouvait atteindre ainsi à une forme d'accomplissement.

Scottie entraîne Judy vers le sommet du clocher de San Juan Bautista pour vaincre cette fois son vertige. Il veut accomplir l'acte qui lui aurait permis de ne pas perdre Madeleine, comme si, en agissant ainsi, il effaçait et l'échec et la première perte. Il ne dit rien d'autre lorsqu'il répète « *You're my second chance, Judy* ». Dans le même mouvement, Scottie reconnaît qu'il est en retard dans sa création *et* prétend effacer ce retard. Ou pour le dire autrement encore : la création de Scottie est une répétition de ce qui a déjà été créé, mais qui veut retrouver l'original et se confondre avec lui! Son mode de création pose un écart (l'écart entre l'original et la copie) qu'il veut en même temps résorber. Poser et réduire tout à la fois ne produit-il pas une contradiction intenable? À moins que cette contradiction soit précisément créatrice?

En effet, la perte de Madeleine et l'écart maintenu avec cette origine première de la *recréation* (faire de la « matière Judy » un « personnage Madeleine ») sont par définition le moteur de cette création. Scottie prétend réduire un écart qui seul le pousse à créer. C'est précisément parce que Madeleine est perdue qu'il faut façonner Judy à son image. La perte est si intime au mouvement même de création que cette dernière est à la fois, et indissolublement, la tentative de réduction de l'écart et la confirmation de cet écart. Il ne s'agit pas seulement de dire que l'écart ne peut être réduit (ce qui effacerait le fait qu'il s'agit précisément ici d'une seconde chance), mais bien de comprendre que l'écart est toujours à nouveau creusé par l'effort même qui prétend le réduire. C'est bien là que gît le principe même de la création dans l'après, de la création comme recréation. En ce sens, la création est intimement mélancolique puisqu'elle se nourrit sans cesse de cette perte qu'elle assure pourtant vouloir effacer.

Ainsi Scottie parvient au sommet du clocher de San Juan Bautista. À ce moment, il égale Elster – du moins y prétend-il un instant. Elster fut au sommet du clocher d'où il a fait chuter le corps sans vie de son épouse au moment où Madeleine/Judy le rejoignait. Cette fois, c'est Scottie qui parvient au sommet avec Judy/Madeleine. L'une et l'autre héroïnes se confondent sous nos yeux de spectateurs. L'écart est-il réduit? Scottie est-il devenu un démiurge qui s'égale à la puissance et à la liberté de Elster? Dans un face-à-face magnifique et d'une tension quasiment insoutenable, Judy/Madeleine déclare son amour à Scottie, un amour à la fois passé et présent. Le masque de douleur de James Stewart porte le même sentiment qu'il ne peut cacher, pas plus pour le présent que pour le passé. Nous sommes à l'extrême limite, au moment où l'écart sera réduit, en un étrange *happy end* qui confondrait création et recréation. Mais voici que, sans aucune apparence de vraisemblance narrative, une forme obscure se dresse au sommet du clocher entre les deux protagonistes. Une nonne attirée par le bruit? Peu importe, c'est en tout cas une forme spectrale qui s'avance dans la pénombre. Effraie-t-elle Judy/Madeleine? Peu importe, encore une fois. La spectralité a hanté tout le film et sa récurrence réaffirme que la création est toujours dans l'après de la perte, et n'est donc qu'une recréation. Que la toute-puissance du créateur est un leurre, si elle consiste à prétendre à l'origine. Judy/Madeleine recule et tombe dans le vide. Scottie reste seul et s'avance sur le rebord d'où Judy/Madeleine vient de disparaître – comme auparavant, ce corps qui avait chuté sous les yeux d'un Scottie paralysé par le vertige à mi-hauteur de la tour. Le (re)créateur qu'est Scottie ne l'est que parce que l'origine lui échappe, toujours. Il regarde le vide sous lui, écarte légèrement les bras. Son corps devient l'esquisse d'une figure christique, qui n'est pas tout à fait Dieu, ou ne l'est que dans la souffrance de la perte et la finitude de l'acte.

La création de Scottie, celle que Hitchcock identifie à sa propre réalisation, est recréation. Ou, pour le dire autrement, une création de part en part mélancolique. Or – souvenons-nous à nouveau de ce que suggérait Philip Roth dans notre introduction –, cette mélancolie de l'après suppose la trahison. La trahison de Elster, la trahison de Madeleine/Judy avant qu'elle se mue en Judy/Madeleine. La trahison empêche de faire son deuil de la perte et exige au contraire l'effort mélancolique de la recréation.

rejouer l'origine : « Obsession »

Lorsque Brian De Palma réalise *Obsession* en 1976, il vient de conquérir le style marquant de plusieurs de ses chefs-d'œuvre : *Sisters* (*Sœurs de sang*) a été tourné en 1973 et *Phantom of the Paradise* est sorti en 1974; *Carrie* sera sur les écrans quelques mois après *Obsession*, suivi en 1978 par *The Fury*. Bien sûr, les films précédents ont aussi leur importance et ont participé à la constitution du style et du propos de De Palma. Mais c'est bien autour d'*Obsession* que De Palma devient un réalisateur reconnaissable entre tous et dont les œuvres seront désormais porteuses d'un enjeu récurrent qui nous est familier : la seconde chance. Pour ne citer que trois exemples que je tiens pour brillants, *Blow Out* (1981), *Body Double* (1985) ou le magnifique *Casualties of War* (1989) mobilisent le souvenir de *Vertigo* et de l'obstination de Scottie : le premier en faisant du personnage joué par John Travolta un double de Scottie qui a quitté la police après s'être trouvé responsable de la mort d'un agent infiltré et qui voit disparaître à son tour celle qu'il voulait protéger mais qu'il a, à nouveau, entraînée à sa perte; le second à travers la manipulation qui est comprise trop tard; le troisième dans la reconnaissance d'un corps de femme qui, s'il s'éloigne indemne, ne rachète pas cet autre corps mutilé sous les yeux du personnage d'Eriksson, interprété par Michael J. Fox.

Mais si *Vertigo* apparaît comme une « obsession » de Brian De Palma – dont l'influence est croisée et démultipliée en même temps par des références elles aussi essentielles à *Rear Window* (*Fenêtre sur cour*) et *Psycho* (*Psychose*) –, c'est bien de la manière la plus manifeste au film de 1976 qu'il le doit. Le titre pourrait dès lors paraître comme très opportunément choisi, qui dit avant toute chose l'*obsession* de Brian De Palma lui-même pour le chef-d'œuvre de Hitchcock. Pourtant, il est sans doute plus frappant encore de découvrir quel était le titre initialement souhaité par De Palma et son scénariste Paul Schrader : *Déjà vu!* Ce titre français a été rejeté par les producteurs, mais s'il entre si parfaitement en écho avec le propos de mon essai[1], c'est justement parce qu'il annonce que ce film lui-même est une répétition, et donc une seconde chance.

Obsession est une variation manifeste, sinon démonstrative, sur *Vertigo*. Le scénario en reprend la trame générale – tout en lui faisant bien entendu subir un certain nombre de déplacements. 1959 : Michael Courtland (Cliff Robertson) et sa femme Elizabeth (Geneviève Bujold) célèbrent leur anniversaire de mariage, entourés d'amis fortunés, dans leur prestigieuse maison de New Orleans. Le plus empressé dans les félicitations et la célébration des talents d'homme d'affaires de Courtland est Robert Lasalle (John Lithgow), son partenaire dans un projet immobilier d'envergure autour du Lac Pontchartrain. Les invités partis, les jubilaires se retrouvent dans leur chambre à coucher. Leur fille Amy, âgée de 8 ou 9 ans, appelle sa mère. Lorsque Courtland passe à son tour dans la chambre de sa fille, il est trop tard : toutes deux ont été enlevées. Courtland veut répondre à la demande de rançon, mais la police le convainc de gruger les ravisseurs en substituant des liasses de papier aux billets de banque attendus. Grâce à un émetteur dissimulé dans la valise de la « rançon », la police repère la cache des ravisseurs. Mais les choses tournent mal : ceux-ci s'enfuient en voiture avec les

1. Je précise néanmoins que le titre que j'ai retenu pour ce livre vient avant tout de l'essai d'Antoine Compagnon : *La seconde main ou le travail de la citation*, Paris, Seuil, 1979, et des réflexions qu'il y développe sur le *déjà dit* et le *déjà lu.*

otages et disparaissent dans un accident qui les précipite tous dans les eaux du Golfe du Mexique. L'explosion du véhicule ne laisse aucun espoir de retrouver les otages vivants.

1975. Michael Courtland, qui a fait ériger dans le domaine de Pontchartrain un étrange mausolée à la mémoire de sa femme et de sa fille, est toujours dévoré par un puissant sentiment de culpabilité qui l'empêche de vivre, quoi qu'il en soit des succès de ses entreprises immobilières. Il accepte néanmoins d'accompagner son partenaire Robert Lasalle à Florence, pour conclure de nouveaux accords financiers. Là, il se rend à l'église San Miniato al Monte où, jadis, il a rencontré sa femme à présent disparue. Dans une chapelle du déambulatoire, à l'arrière du chœur, Courtland découvre une jeune femme qui semble affairée à la rénovation d'une peinture d'autel. Or, cette jeune femme ressemble de manière saisissante à la défunte Elizabeth, à l'âge où Courtland l'a connue. Elle se nomme Sandra Portinari. À la fois déstabilisé et fasciné, Courtland la suit dans les rues de Florence, jusqu'à l'hôpital où elle rend visite à sa mère agonisante. Choisissant de rester à Florence alors que Lasalle retourne en Louisiane, Courtland finit par aborder la belle inconnue. Il l'emmène dîner, se rapproche d'elle, comme hypnotisé par la ressemblance. Il la séduit enfin et, après la mort de la mère de Sandra, ils décident de partir ensemble aux États-Unis pour s'y marier.

Cette brusque décision de Courtland suscite des craintes dans son entourage. La ressemblance de Sandra avec la défunte Elizabeth inquiète encore davantage quant à la lucidité et l'équilibre psychologique de Courtland. Passant outre tous les avertissements, celui-ci veut d'autant plus précipiter le mariage. Mais le drame se répète. Sandra est enlevée et une rançon est réclamée. Michael Courtland comprend qu'il a là une seconde chance à courir et veut cette fois livrer l'argent. Mais à son insu, Lasalle substitue aux billets de banque des liasses de papier – à nouveau… De bonne foi, Michael laisse la valise contenant la rançon à l'endroit convenu. Ce sont alors Sandra et Lasalle que l'on voit arriver en voiture. L'enlèvement était un coup monté. Découvrant le contenu de la valise, Sandra pense que Michael a à nouveau refusé de payer la rançon. Ce qui déclenche un flash-back qui révèle toute la manipulation. En 1959, Robert Lasalle était à l'origine de l'enlèvement. Lorsque celui-ci a mal tourné, seule Elizabeth a été entraînée dans la poursuite en voiture au dénouement tragique. Amy, elle, a été extraite du repère des ravisseurs à l'insu de tous. Elle a ensuite été envoyée en Italie où elle a été élevée par la Signora Portinari. Lasalle l'a récemment convaincue de tendre un piège à son père, qu'elle considère encore comme responsable de la mort de sa mère. En découvrant les liasses de papier, elle se convainc que décidément, elle ne vaut pas plus cher que sa mère aux yeux de Courtland.

Le dénouement est étrange et peut laisser l'impression – du moins à la première vision – que De Palma sacrifie à son goût pour une certaine surcharge narrative et visuelle. Lasalle s'assure que Sandra/Amy repart en Italie. Plus tard, dans son bureau, éclate une dispute avec Courtland qui s'est rendu compte que la rançon, pour la seconde fois, n'a pas été versée. Il comprend qu'il a été victime d'une manipulation – sans avoir encore compris que Sandra est en fait sa fille. Dans un accès de fureur, il tue Lasalle. Il se rue ensuite à l'aéroport pour se venger de Sandra. Mais l'avion de Sandra a déjà décollé. Celle-ci, prise de remords, écrit une lettre à son père pendant le vol. Puis, elle renonce (comme Judy dans *Vertigo*, bien sûr). Elle s'isole dans les toilettes de l'avion et se coupe les veines. Découverte par une hôtesse, elle est sauvée et l'avion fait demi-tour. Bientôt, elle est conduite sur une chaise roulante dans le couloir de l'aéroport. Courtland, armé d'un revolver qu'il cache sous son manteau, vient à sa rencontre. Le spectateur n'a guère de doute sur le fait qu'il veut se venger de celle qui lui a fait croire à sa seconde chance. Sandra/Amy le voit, s'échappe de sa chaise roulante, court vers lui et se jette dans ses bras. Courtland comprend enfin qu'il s'agit de Amy. Il l'étreint. Il a retrouvé sa fille mais perdu une seconde fois la femme qu'il aime.

La complexité de l'histoire peut faire sourire à la lecture d'un rapide résumé. Mais après tout, raconter *Vertigo* dans ses différents épisodes ne laisse-t-il pas la même impression? Hitchcock, à bien y regarder, ne reculait pas plus devant les invraisemblances (surtout dans *Vertigo*) que De Palma[1]. Certes, ces invraisemblances sont sans doute moins apparentes chez le maître que chez son successeur. Mais le reconnaître ne signifie pas, à mon sens, pointer une faiblesse de De Palma. Il convient plutôt de prendre au sérieux, en deçà de tout jugement de valeur esthétique précipité, ce que fait ainsi De Palma : il rend visible, sensible, il explicite ce qui est déjà à l'œuvre dans *Vertigo*. N'est-ce pas ainsi qu'il situe sa création dans l'après? Il faut faire l'hypothèse que De Palma conçoit *Obsession* comme une *explicitation* de *Vertigo*, ce qui ne doit nullement nous conduire à une quelconque dépréciation, mais bien plutôt à faire l'effort de comprendre, de saisir, de voir – tout simplement – ce qu'est cette *explicitation*. Ce qui revient alors à comprendre la position de la création de De Palma dans l'après-Hitchcock.

Repartons de l'intrigue – je reviendrai sur la très grande richesse visuelle de ce film dans un second temps. Une chose me frappe – parmi d'autres, mais celle-ci est essentielle à mon propos : Courtland, qui est donc ici l'équivalent de Scottie, se voit octroyer une seconde chance en découvrant une jeune femme qui ressemble à son épouse défunte, mais il ne semble pas la façonner, la construire en un personnage qui affinerait la ressemblance jusqu'à l'identité. Or, il s'agit bien là d'un élément essentiel puisque nous avons vu que c'est précisément par cet effort, qui reproduit en miroir le travail de direction d'acteur de Hitchcock, que Scottie s'élève à proprement parler au statut de créateur – fût-ce pour être confronté à son impuissance en dernière instance. Courtland, lui, ne serait-il donc pas un créateur? Est-ce à dire que l'enjeu esthétique, la méditation en image sur ce qu'est la création, s'efface ici? N'allons pas trop vite en besogne et avançons pas à pas.

De fait, l'identification du héros principal à un créateur en reflet du réalisateur tombe clairement dans le cas d'*Obsession*. Peut-être une

1. Bertrand Tavernier et Jean-Pierre Coursodon formulent la même remarque dans *50 ans de cinéma américain*, Paris, Nathan, 1995, p. 421 : « Il serait par ailleurs absurde de reprocher à un film comme *Obsession* ses invraisemblances dramatiques ou psychologiques, conventions inséparables du genre et tout aussi flagrantes chez Hitchcock ».

démonstration par l'absurde nous le montrera-t-elle de la manière la plus frappante. Dans l'essai qu'il a consacré à l'œuvre de Brian De Palma, intitulé *Les mille yeux de Brian De Palma*, Luc Lagier nie ce qui nous semble pourtant une évidence. Parce que Courtland est effectivement un double de Scottie, et parce que Scottie est un « artiste » qui manipule le corps de Judy pour qu'il devienne celui de Madeleine, il faut décidément que Michael soit féru d'art et façonne le corps, la tenue, le comportement de Sandra afin qu'elle corresponde à celle que fut Elizabeth. Et – il me faut le souligner sans nullement remettre en cause la grande qualité de son essai par ailleurs –, Lagier est ainsi amené à forcer le trait jusqu'à produire des contre-vérités, d'ailleurs soutenues par quelques erreurs factuelles. En revenant à Florence, « Michael Courtland revient, comme il le dit, "dans le berceau de l'art occidental" »[1], écrit Lagier. Or, ce n'est nullement Courtland qui tient ces propos, mais bien Lasalle – le manipulateur… À vrai dire, Courtland n'apparaît jamais féru d'art. Et lorsque Sandra lui demande son avis sur la préservation de l'œuvre de Bernardo Daddi à laquelle elle est en train de travailler, il répond certes avec sincérité, mais aussi avec la relative indifférence de celui qui s'intéresse à la femme qui fait retour sous ses yeux bien plus qu'à une question esthétique.

Poursuivons notre lecture critique de l'essai de Lagier – parce qu'elle nous renseigne sur la tentation si forte de rapprocher immédiatement, et sans réserve herméneutique, Courtland de Scottie, mais aussi sur ce qui résiste, de manière profondément signifiante, à ce rapprochement trop précipité. Lagier écrit ceci : « Influencé par Sandra et sa troublante ressemblance avec son ancienne femme, Courtland évolue. Dès leurs premières discussions, il nie tout intérêt dans son travail immobilier et commence à s'intéresser à l'art […]. Sensibilisé à la peinture et au travail de restauration d'une forme ancienne, Courtland envisage alors le personnage de Sandra comme une ébauche artistique proche de la perfection (celle imposée par sa femme défunte) mais pas encore parvenue à la parfaite ressemblance. Courtland transforme donc Sandra en œuvre d'art. Au détour d'une rue, il lui demande de

1. L. Lagier, *Les mille yeux de De Palma*, Paris, Cahiers du cinéma, 2008, p. 51.

modifier sa démarche et de l'adapter à celle d'Elizabeth »[1]. S'il est vrai que Courtland minimise l'intérêt de ses affaires immobilières, comment soutenir, en revanche, que Courtland s'intéresse à l'art sous l'influence de Sandra? Il n'y a dans le film aucun élément en ce sens. Certes, il s'arrête devant l'œuvre de Bernardo Daddi, mais c'est parce qu'il contemple Sandra qui prépare les outils pour le restaurateur. Lorsque Sandra l'incite à lui dire son sentiment sur l'œuvre de Daddi, le moins que l'on puisse dire est que Courtland est des plus laconiques. La séquence est brève, au demeurant, et l'on se demande bien ce qui pousse Lagier à voir dans ces échanges entre Courtland et Sandra un « cours d'histoire de l'art » : « Courtland assiste à un véritable cours d'histoire de l'art, matière d'études de Sandra »[2], écrit-il encore. Il me semble que cette description est aussi forcée qu'est factuellement fausse l'affirmation selon laquelle Sandra serait (ou se présenterait comme) étudiante en histoire de l'art – elle le réfute explicitement en précisant qu'elle n'est là que pour préparer les instruments du peintre restaurateur et qu'elle a occupé jusqu'alors des fonctions de secrétaire.

Encore une fois, les biais de vision et de description de Lagier sont en soi révélateurs : il faut à toutes forces que la relation naissante entre Courtland et Sandra ait une dimension artistique et ait même rapport très directement à la création. Et cela précisément parce qu'*Obsession* est ostensiblement une variation sur *Vertigo* et qu'il s'agit bien, dans ce cas, d'un rapport de création ou de recréation entre Scottie et Judy. C'est pourquoi Lagier poursuit en évoquant les soi-disant efforts de Courtland pour façonner Sandra à l'image d'Elizabeth – et d'en faire ainsi une œuvre d'art. Or, l'épisode auquel fait allusion Lagier n'a rien d'une reprise de l'effort artiste de Scottie. Dans les séquences correspondantes de *Vertigo*, Scottie était tout à sa tâche, obsédé par celle-ci, s'affairant, cherchant à corriger le moindre détail, avec une vraie rudesse à l'égard de la matière première que Judy devenait pour lui. Or, ici, c'est en badinant que s'engage l'échange entre Courtland et Sandra à propos de la démarche d'Elizabeth. Ils s'amusent l'un l'autre – et ne

1. L. Lagier, *Les mille yeux de De Palma*, *op. cit.*, p. 52.
2. *Ibid.*

sont pas loin de minauder, en somme. Et d'ailleurs Courtland échoue à modifier la démarche de Sandra, qu'il juge « trop italienne » pour pouvoir s'apparenter à celle de sa défunte femme. Courtland n'insiste pas et Sandra, pour sa part, ne s'offusque guère de son « échec ». Au fond, rien de tout cela n'est très sérieux. Par ailleurs, on cherchera en vain d'autres épisodes où Courtland tenterait de façonner Sandra. Il ne la rêve certainement pas en œuvre d'art dont il serait le créateur[1].

La manière dont De Palma traite ces épisodes attendus comme canoniques dans sa variation sur *Vertigo* consiste bien plutôt à les vider de toute la densité du faire créateur qu'ils avaient chez Hitchcock. Parce que Lagier perçoit bien qu'il y a cependant dans *Obsession* une prégnance du monde de l'art – elle est indéniable et se joue autour de la cité florentine –, il cherche à la saisir d'après les séquences les plus marquantes de *Vertigo* à ce propos. Mais si son interprétation ne résiste pas à l'analyse, c'est tout simplement parce qu'il veut trop immédiatement rapporter *Obsession* à son modèle, sans faire droit à l'écart que De Palma a voulu creuser de manière très significative. L'erreur est de regarder *Obsession* comme *Vertigo*, ce qui revient alors à rabattre le second sur le premier, à les identifier, et ainsi à effacer ce qui m'occupe dans cet essai et qui, je le pense, est au centre de la réalisation de De Palma : le sens même de la création *dans l'après*. *Obsession* explicite *Vertigo* précisément par le déplacement de ses enjeux centraux. Dans un article déjà ancien, Johanne Larue l'a dit très simplement : De Palma « ne reprend pas la scène de *Vertigo* comme un décalque mais s'évertue à éclaircir le sens qu'il faut lui donner »[2].

1. Tout au plus peut-on concéder que les photos que Courtland prend de Sandra sur l'escalier du parvis de San Miniato al Monte cherchent à retrouver les cadrages de photos anciennes d'Elizabeth au même endroit. Mais ici encore, cela n'a rien à voir avec les obsessions – pour le coup – de Scottie, ni, corrélativement, avec les insistances de Hitchcock.

2. J. Larue, « De Palma/Hitchcock », *Séquences*, n°168, 1994, p. 23 (consulté en ligne sur erudit.org le 30 août 2019 : https://www.erudit.org/fr/revues/sequences/1994-n168-sequences1156704/49986ac.pdf). Précisons que Johanne Larue parle en fait ici d'une autre séquence que celles qui nous occupent, mais peu importe puisque c'est bien le principe général de sa lecture de la création *dans l'après* comme une *explicitation* qui est ici en jeu.

C'est en effet le sens et le statut de cette explicitation qu'il me faut expliquer à même le film de De Palma pour comprendre la complexité et la finesse de son rapport à *Vertigo*.

Il est tout à fait vain de tenter d'interpréter le personnage de Courtland comme un créateur, alors que cela s'impose dans le cas de Scottie. Pourquoi donc De Palma a-t-il ainsi déplacé le sens du comportement du personnage principal? Précisément pour *expliciter* le sens de *Vertigo*! J'ai essayé de le montrer plus haut, la création de Scottie, cette manière de façonner Judy pour qu'elle retrouve son modèle, est celle de la seconde chance. Scottie crée *dans l'après* – après la manipulation, après la première création (celle de Gavin Elster), après la culpabilité. De ce point de vue, une analogie apparaissait entre la création telle que nous la montre Hitchcock à travers Scottie et celle de Eben Adams dans *The Portrait of Jennie*, fondée sur une équivalence esthétique entre la peinture et le cinéma (le pictorialisme hollywoodien), puisque le cinéma venait après le théâtre et s'imposait sur les ruines de celui-ci. Hitchcock, pratiquant la mise en abîme, nous montrait son propre art cinématographique comme étant *dans l'après*, à la recherche d'une origine nécessairement manquée. Mais il ne nous disait rien de ce par rapport à quoi se creusait l'écart de cet après. Or, pour De Palma, la situation est fondamentalement modifiée par et dans son rapport à *Vertigo*. Précisément, *Obsession* creuse son après par rapport à *Vertigo* lui-même. Ce qui précède *Obsession* est ainsi clairement posé, sans qu'*Obsession* puisse s'identifier à *Vertigo* au risque de manquer ce qu'est précisément la seconde chance. Si, dans *Vertigo* donc, la seconde chance de Scottie était implicitement, par les vertus de la mise en abîme, celle de la création de Hitchcock, dans *Obsession*, Courtland s'efface totalement en tant que créateur devant Brian De Palma. Ou pour le dire autrement, l'explicitation de *Vertigo* dans l'après d'*Obsession* réside dans la posture même du réalisateur De Palma. Il se positionne dans l'après de l'art d'Alfred Hitchcock et engage donc tout le sens de cette création *toujours déjà* en retard dans sa mise en scène, dans l'acte même de la mise en scène. Mais n'était-ce pas déjà le cas chez Hitchcock? Seulement indirectement, via l'action intradiégétique du personnage de Scottie. La prétention explicative de l'art de De Palma par rapport à celui qui le précède le conduit immanquablement à revendiquer pour son film même ce qui, dans un simple décalque de *Vertigo*, aurait dû être attribué à son personnage héritier de Scottie, à savoir Courtland. Alors que la seconde chance s'est en fait déplacée de l'action filmique à la forme cinématographique même.

Pourtant, un autre personnage semble pouvoir être porteur de la création dans *Obsession*, à savoir Lasalle, sans que cela ne contredise ma réflexion précédente. Au contraire, cela la renforce. Lasalle est le manipulateur – le reflet du Gavin Elster de *Vertigo*. Mais son statut est en même temps tout à fait différent. Gavin Elster disparaît une fois son méfait accompli. Hitchcock s'en désintéresse, car toute la dernière partie du film se joue indépendamment de lui et même malgré lui. Sa tentative démiurgique est débordée par l'attitude de Judy, qui renonce à s'enfuir une fois que Scottie l'a retrouvée, et par l'obsession même de Scottie. Or, dans *Obsession*, l'emprise de Lasalle sur l'intrigue s'étend bien au-delà du premier enlèvement. Il est tout simplement l'instigateur de la seconde chance elle-même, puisqu'il provoque la rencontre entre Courtland et Sandra/Amy. Sa manipulation s'étend ainsi à toute l'action du film. Dès lors, il faut considérer Lasalle comme l'équivalent direct du réalisateur-manipulateur qu'est De Palma. À strictement parler, il n'est pas un héros du film, il en est le faiseur. Lasalle – interprété par l'un des acteurs fétiches de De Palma, John Lithgow – est au demeurant un manipulateur qui lui-même se répète et échoue. Tout l'art de Lasalle réside dans cette prétention à répéter l'intrigue, en organisant un second enlèvement. Ici encore il se confond avec le réalisateur De Palma puisque non seulement il manipule le visible pour construire une intrigue, mais en outre il répète ainsi ce qu'il a déjà tenté. Comme De Palma répétant Hitchcock, la création/manipulation de Lasalle, seule à la hauteur du film lui-même, court elle-même une seconde chance.

Ainsi, le film de De Palma prend bien la voie d'une explicitation du *Vertigo* de Hitchcock en jouant avec ses thèmes, ses épisodes, et en les déplaçant. La création est dans l'après, et parce qu'elle n'épuise pas l'origine, elle se répète. Mais après tout, cela nous le savions déjà. L'explicitation de De Palma ne nous conduit-elle pas plus loin? À mon sens, De Palma donne dans son film un sens encore bien plus précis et, en somme, orienté, au retard de la création – au retard de *sa* création. Que nous montre ce manipulateur du visible? Le nœud de l'action, là où tout se décide dans la répétition même, est la cité de Florence. Je pointais plus haut l'erreur de Luc Lagier qui attribuait à Courtland le propos suivant : « C'est ici qu'est né l'art moderne », alors que la phrase est prononcée par Lasalle. Or, nous savons maintenant l'importance et la signification extradiégétique, voire même formelle du rôle de Lasalle. Ces mots ne résonnent-ils pas d'autant plus fortement? Celui qui tire les ficelles – et prétend bien, lui, être un passionné d'art – se situe ainsi d'emblée dans l'après parce qu'il s'est rapproché de l'origine : Florence. Dans l'histoire de l'art, le cinéma vient après, encore une fois. Après l'origine florentine de l'art moderne. C'est à partir de cet énoncé simple, qui nous reconduit à une historicité « tardive » du cinéma, qu'il nous faut comprendre ce que sont le rapport à l'origine, le retard et donc la répétition.

L'importance de Florence est manifeste dans *Obsession*. Le générique d'ouverture commence par un plan en contre-plongée de la façade de l'église San Miniato al Monte, sur les hauteurs de la ville. Son apparition est ponctuée par un *forte* qui ouvre la partition de Bernard Herrmann – puisque c'est en effet au génial compositeur de *Vertigo*, et dans une certaine mesure de *The Portrait of Jennie*, que De Palma a demandé une contribution musicale éminemment hitchcockienne. Le générique se déploie en alternant un travelling avant qui monte les marches du parvis de San Miniato al Monte et des plans de coupe sur des photos souvenirs du jeune couple Michael Courtland et Elizabeth lorsqu'ils se rencontrent après-guerre, à Florence bien sûr – et d'ailleurs plus précisément déjà à San Miniato al Monte, comme le film nous l'apprendra plus tard. L'église florentine définit d'emblée le passé et le futur de l'action. Elle joue un rôle pivot dans la narration. Nous découvrirons sa copie : le mausolée que Courtland érige à la mémoire de Elizabeth et Amy sur les terres achetées près du lac Pontchartrain se veut une réplique de la façade de San Miniato al Monte. Sans que le spectateur ne comprenne alors précisément ce choix, la forme architecturale lui rappelle évidemment le premier plan du générique, et lorsqu'il découvre ensuite l'église lors du voyage de Courtland et Lasalle à Florence, il devient évident que c'est bien en ce lieu que se joue fondamentalement le drame. San Miniato al Monte est plus qu'un décor, il est un agent de structuration de la temporalité du film, de souvenirs en répétitions.

On devine que la cité florentine se déploie sous la présence altière de cette architecture de marbre vert et blanc. Tout comme, dans *Vertigo*, la filature de Madeleine par Scottie dans les rues de San Francisco débute dans les hauteurs où se situe l'imposant immeuble qu'habite le couple Elster, la filature de Sandra par Michael Courtland descend depuis San Miniato al Monte pour parcourir les rues de la ville dont quelques déambulations de Courtland et Lasalle avaient déjà permis au spectateur de retrouver les sites les plus connus, parmi lesquels le Ponte Vecchio, la Galerie des Offices, etc. C'est dans une ville d'art que plonge Courtland en suivant Sandra. Il arpente ainsi autant de places célèbres (telle la Piazza della Signoria) que de sombres rues couvertes dans des quartiers populaires. Florence, là « où est né l'art moderne », est au sens strict le lieu du drame. Le lieu de la seconde chance aussi, puisque Courtland revient là où il a connu sa défunte femme et y découvre Sandra.

Les critiques qui ont analysé *Obsession* n'ont évidemment pas manqué de gloser sur la séquence où, alors qu'ils se parlent pour la première fois, Sandra explique à Courtland qu'elle participe à la restauration – mais comme simple auxiliaire, insiste-t-elle – d'un retable du peintre Bernardo Daddi (1290-1348). Il faut noter que, si De Palma a filmé l'extérieur de San Miniato al Monte, il n'a, par contre, pas obtenu l'autorisation de tourner à l'intérieur de l'église. Les intérieurs sont ceux d'une église de San Gimignano. De Palma en profite pour placer fictivement dans la San Miniato al Monte du film ce qui est en fait l'une des plus célèbres Madone de Daddi : la *Madone à l'enfant* de 1347 que l'on peut voir à l'église Orsanmichele de Florence. C'est à la restauration de cette œuvre que Sandra est censée travailler.

Or, « il est bien connu que [la *Madone à l'enfant* de 1347] était prévue pour remplacer une image de la Vierge qui ornait un pilastre depuis 1284 ou 1292, mais qui avait été détruite dans une catastrophe [...]. De manière à rappeler l'image miraculeuse originale, Daddi a conçu son image dans un style archaïque »[1]. Le retable de Daddi est bien la mise en abîme du film de De Palma. Ou plutôt : celui-ci est la répétition de celui-là. Comme Daddi par rapport à l'image fantôme qu'il doit recouvrir, De Palma recouvre avec *Obsession* le tant admiré *Vertigo*. Mais en même temps, l'insistance sur l'art florentin et son statut originaire place le recouvrement de De Palma dans *l'après* du recouvrement de Daddi. En manière telle que la répétition de De Palma est une répétition de répétition, travaillée par l'historicité et la relation à une origine fantomatique. C'est sur cette mise en scène de palimpsestes visuels qu'il faut se fonder pour comprendre le dialogue entre Sandra et Courtland. Lorsque la première demande au second si, à son estime, il faudrait détruire l'œuvre de Daddi pour revenir à l'image fantôme, Michael approuve la restauration de l'œuvre de Daddi et donc le geste de recouvrement de la peinture ancienne. Sandra a pourtant étrangement formulé sa question : elle lui a demandé s'il fallait préserver l'*original* – et l'« original » désigne bien ici la Madone de Daddi. Courtland, en approuvant, rejoint le point de vue de Sandra, qui est aussi celui des restaurateurs de l'œuvre – un point de vue qui consiste donc à faire comme si s'instituait un nouvel original. Vraiment, un nouvel original? Toute l'ambiguïté est là! Il y a prétention à effacer l'œuvre qui a précédé, et donc à s'instituer en ce sens comme un nouvel original. Mais en même temps, l'acte du

1. V. Nussbaum, « Ghost images in Brian De Palma's *Obsession* », dans *Journal of Taipei Fine Arts Museum*, n°23, p. 89 (ma traduction).

recouvrement nous est montré, qui maintient l'origine dans son statut disparaissant, fantomal. Pour recouvrir, il faut sans doute nourrir la prétention à une nouvelle originalité – et en même temps, pourtant, savoir et montrer que l'on recouvre. C'est ainsi que le plan du film nous montre les traces de l'image archaïque sous l'image dégradée, en cours de restauration, de Daddi. Et c'est ainsi que *Obsession* ne cesse de laisser paraître les traces de *Vertigo*. Plus encore : comme le notait très justement Valentin Nussbaum ci-dessus, Daddi a lui-même conçu le style de sa Madone à l'enfant comme une évocation de l'archaïsme de l'image fantôme qu'il recouvre. Et nous savons bien, tant l'hommage est appuyé, y compris dans ses déplacements, que de manière tout aussi volontaire, *Obsession* veut faire apparaître *Vertigo* en le recouvrant. Au fond, cette extrême ambiguïté constitutive de l'acte de répétition tel que le conçoit De Palma se dit encore et peut-être même de manière plus directe dans les propos de Sandra : non seulement c'est elle qui tout à la fois révèle à Courtland et au spectateur l'image fantôme sous l'œuvre de Daddi et c'est elle qui suscite le choix de son interlocuteur « en faveur » de cette dernière, mais aussi et surtout, c'est d'elle-même qu'elle nous parle ainsi : elle prétend être le nouvel original qui séduira Courtland, remplacera sa propre mère, mais tout en ravivant la figure spectrale de celle-ci. L'ambiguïté est aussi vive que profonde la plongée dans le flux des répétitions – en amont et en aval.

Florence est « l'origine de l'art moderne ». L'œuvre de Daddi dans l'œuvre de De Palma révèle l'ambiguïté du rapport à cette origine en mobilisant un peintre italien au seuil de la Renaissance, contemporain du Giotto (il en a été l'apprenti). Mais ce n'est pas la seule figure artistique italienne de cette époque qui est ici convoquée. Sandra et Courtland se promènent ensemble à Florence – comme Scottie et Judy arpentaient les rues et traversaient les parcs de San Francisco. À la sortie d'une église[1], Sandra cite Dante en italien et le traduit ensuite pour

1. Le lieu de tournage est en fait ici le Palazzo Comunale de San Gimignano, mais on peut se plaire à penser qu'il évoque, par exemple, l'église Santa Margherita dei Cerchi, que fréquentait la Béatrice de Dante et où la légende veut qu'elle ait été inhumée.

Courtland. Les vers évoquent la fidélité à la « Dame de ses pensées ». Mais Sandra *joue* aussi Béatrice. Elle s'assied sur un siège de pierre, au haut d'un escalier, tandis que Courtland est à mi-hauteur de celui-ci. Elle lui raconte comment, enfant, elle jouait ainsi à être Béatrice, qu'observait discrètement Dante, par-delà le corps-écran d'une autre femme, pour ne pas offenser la Dame de ses pensées par l'insistance de son regard. Sandra et Courtland deviennent des acteurs qui rejouent une scène imaginaire, située dans le lointain de cette origine florentine. Sandra, tout particulièrement, joue – jeu élevé à la puissance supérieure puisqu'elle est déjà Amy jouant le personnage de Sandra… Elle fait revivre Béatrice. En est-elle la répétition? Et dès lors aussi celle qui réanime depuis son retard même? Portinari est le nom de famille italien que porte Sandra. Lequel était aussi le nom de famille de la Béatrice de Dante. Rejouer l'origine, encore et encore.

Courtland lui-même se prend au jeu, petit à petit. Ainsi, comprenant qu'une seconde chance lui est offerte, il confessera : « Je vis une vie nouvelle. Une *Vita nuova* ». Est-ce par goût naïf de la langue italienne? Entend-il lui-même comment résonnent ces mots? Peut-être pas – Courtland n'a donné jusqu'alors aucun signe d'une grande culture artistique. Mais De Palma, lui, sait ce qu'il fait ainsi entendre : la référence à Dante à nouveau, et plus précisément à son premier grand texte, composé vers 1294-1295, la *Vita nuova*. Et après tout, Sandra elle-même a lu la *Vita nuova* – peut-être faudrait-il écrire *revécu* : n'a-t-elle pas disparu et commencé aussi elle-même une nouvelle vie à l'âge de 9 ans? Cet âge est celui de Béatrice lorsqu'elle apparait pour la première fois à Dante, âge symbolique puisque le chiffre 9 étend son symbole sur toute la *Vita nuova* au point que le paragraphe XXIX est précisément consacré à ce statut symbolique[1]. Donnons-nous donc la peine de prendre au sérieux cette référence.

1. *Cf.* Dante, *Vie nouvelle*, trad. fr. de Chr. Bec, dans *Œuvres complètes*, Paris, Le Livre de Poche, 1996, p. 68 : « […] cette dame fut accompagnée du nombre neuf pour donner à entendre qu'elle était un neuf, c'est-à-dire un miracle, dont la racine, à savoir celle du miracle, n'est autre que la merveilleuse trinité ». À ce propos, *cf.* J. Darriulat, *Dante, poète et philosophe*, mis en ligne sur le site *J. Darriulat.net* le 1er juillet 2007 et consulté le 31 août 2019 : http://www.jdarriulat.net/Auteurs/Dante/Dante1.html

On connaît le célèbre incipit de la *Vita nuova* : « En cette partie du livre de ma mémoire, avant laquelle peu de choses on pourrait lire, se trouve une rubrique qui déclare : *Incipit vita nova*. Sous cette rubrique je trouve écrites les paroles que j'ai l'intention de transcrire dans ce petit livre : sinon toutes, au moins leur sens »[1]. Le « livre de ma mémoire » contient les pensées et les poèmes de la jeunesse de Dante depuis ses neuf ans. Son œuvre fait donc référence à un texte préalable, que le poète a gardé et gardera par-devers soi, mais dont la *Vita nuova* se nourrit, qu'elle cite et qu'elle commente. Comme le note René Stella, « avec la *Vita nuova*, en toute rigueur, Dante ne crée pas véritablement un livre. Il transcrit, il cite, un fragment d'un livre antérieur et autre, en l'assortissant d'un commentaire [...] »[2]. Ce texte fondateur pour les lettres romanes modernes se décentre donc d'emblée et naît de ce décentrement. Cette œuvre originaire se dérobe dans son origine même.

C'est que Dante recopie, mais incomplètement, et commente. Comme en avertit l'incipit, il ne s'agit pas de viser une exhaustivité de la répétition (sans quoi la différence et le décalage disparaîtraient, bien sûr), mais bien de citer en faisant surgir le sens – donc de rejouer, en quelque sorte, par les commentaires en prose autant que par les citations de vers, le livre de la mémoire. Ainsi, la *Vita nuova* s'écrit par des choix, des oublis, des sauts, des réminiscences, des insistances – par la grâce d'un montage, en somme, d'où pourra surgir le sens de cela qui a précédé, de ce fameux livre de la mémoire. Dès le chapitre II, Dante y insiste : « Et, négligeant maintes choses que l'on pourrait tirer du livre d'où elles sont issues, j'en viendrai à ces paroles qui sont écrites en ma mémoire sous de plus importants paragraphes »[3].

1. Dante, *Vie nouvelle*, *op. cit.*, p. 27.

2. R. Stella, « La *Vita nuova* de Dante. Stratégie de la citation », *Cahiers d'études romanes*, n° 5, 2001, p. 14. À dire vrai, on ignore si le « livre de la mémoire » a eu une existence réelle, mais peu importe : « Que le livre de la mémoire ait eu une existence matérielle ou n'ait qu'un sens purement métaphorique, l'opération qui consiste à concevoir et composer un livre en citant un livre antérieur et en commentant le discours cité est loin d'être insignifiante » (*ibid.*, p. 26).

3. Dante, *Vie nouvelle*, *op. cit.*, p. 28.

Pour autant, cette pratique littéraire de la citation ne nous autorise nullement à voir en la *Vita nuova* une anticipation de la pratique analogue de l'*Anatomy of Melancholy* de Robert Burton, qui nous a introduits à l'enjeu de cet essai. En effet, Dante se cite lui-même, fût-ce dans une écriture plus ancienne et qui, en un certain sens, s'efface. Il ne s'agit donc pas de laisser la parole à l'autre, en un geste profondément mélancolique. Il faut même avancer que la stratégie de Dante poursuit en quelque sorte un but tout à fait opposé. Voici ce que montre René Stella : « Ce que j'entends souligner [...], c'est une manipulation, une pratique rusée chez Dante. Il joue de l'autorité qui est au Moyen Âge le propre du discours cité – ici, le livre de sa mémoire – pour créer son œuvre, la *Vita nuova*. Commentant dans son discours citant le discours cité qu'est le livre de sa mémoire, Dante attribue après coup au livre de sa mémoire l'autorité dont celui-ci devait – aurait dû – être investi à l'origine. En somme, la chaîne causale selon laquelle on commente un discours cité parce qu'il fait autorité est inversée et devient dès lors : si un discours est cité et commenté, alors il fait autorité »[1]. L'art de la citation de la *Vita nuova* est en ce sens à la fois une manière de se servir de l'origine, d'en faire une puissance constituante, en même temps qu'on l'efface. Dante devient auteur par ce geste même qui consiste à reprendre et à expliciter le sens, comme l'annonçait l'incipit : « En les citant à partir du livre de sa mémoire, qu'il transcrit et commente, Dante donne à voir ses poèmes comme des *auctoritates*, revendiquant pour lui-même, poète, le statut d'*autoritade*, d'*autore*, d'*auctor* »[2].

Sans doute faut-il tenir ensemble les modèles de Burton et de Dante pour comprendre l'art de la citation – et précisément celui de la citation de la *Vita nuova* – dans *Obsession*. Le film de De Palma, me semble-t-il, mobilise la référence à la première œuvre de Dante par homologie de structure : dans les deux cas, il s'agit de créer en référence à une origine qui s'efface et que l'on réactive à la fois. Citant la *Vita nuova* dans *Obsession*, De Palma élève à la puissance supérieure cette pratique et creuse encore un peu plus vers l'origine –

1. R. Stella, « La *Vita nuova* de Dante. Stratégie de la citation », *op. cit.*, p. 21.
2. *Ibid.*, p. 24.

explicitement, l'origine florentine de l'art moderne. Mais en outre – et peu importe que cela soit conscient et maîtrisé de sa part ou de la part de son scénariste, ou même ni par l'un ni par l'autre –, *Obsession* affine son ambiguïté par cette référence. Comme Dante, c'est précisément en citant que De Palma se veut et se constitue comme auteur, se revendique comme réalisateur, en même temps qu'il se situe ainsi dans un retard irréductible par rapport à l'origine qu'il pointe. Mais parce que précisément, au contraire de Dante, ce n'est pas lui-même qu'il cite, cette prétention se teinte d'un manque, d'une rupture, d'un défaut. L'origine est décidément lointaine, perdue, effacée, qu'il s'agisse au demeurant de l'art florentin ou de Hitchcock. Mais alors, le modèle de Burton ne fait-il pas ici retour? Cette relation à l'origine – hitchcockienne d'abord, florentine ensuite – ne devient-elle pas mélancolique? Ce qu'elle n'est certes pas chez Dante si l'on considère la *Vita nuova* en elle-même. Chez De Palma, la revendication d'une *nouvelle vie*, qu'elle soit celle du film lui-même ou celle de Courtland, précisément dans son rapport à l'origine qui s'efface, est inquiète. Au point que l'acte de création cinématographique, dans un même geste, institue et désinstitue. C'est ce que je voudrais montrer maintenant, sans m'éloigner longtemps de Florence dont nous savons désormais qu'elle est, avec *Vertigo*, la matrice d'*Obsession*.

S'il y a bien une composante plastique d'*Obsession* qui marque le spectateur dès les premiers plans, c'est le flou de l'image. Un critique a même pu parler avec quelque fondement de « la nature fugitive et énigmatique de l'image ». Et il précise : « Dès le prologue, la texture de la photographie, très adoucie par des filtres de diffusion et l'absence de définition pointue, renseigne sur le caractère illusoire du récit et la psyché torturée des personnages. Les arabesques dessinées par la caméra associées à l'éclairage tamisé maintiennent le film dans une sensation de rêve éveillé, dans un état suspendu entre la réalité et l'imaginaire »[1]. Factuellement, sont ainsi bien décrites les modalités plastiques

1. R. Chester, *Critique de « Obsession » de Brian de Palma*, déposée le 10 juillet 2012 sur le site DVDClassik : http://www.dvdclassik.com/critique/obsession-de-palma, consulté le 4 septembre 2019.

de l'image, et tout particulièrement les effets obtenus par Vilmos Zsigmond, le directeur de la photographie le plus en vogue parmi les réalisateurs du « Nouvel Hollywood ». Par contre, l'interprétation qui tient à penser ces effets en mobilisant le cliché du rêve éveillé ou des frontières incertaines entre imaginaire et réalité apparaît bien trop courte. On pourrait déjà plus finement rapprocher ces effets d'une grammaire assez classique du flash-back (pour les entrées et sorties des flash-back) qui peut faire sens au regard de l'enjeu esthétique et formel d'*Obsession* : la présence même de l'œuvre filmique serait toute entière définie comme un rappel de ce qui a toujours déjà eu lieu – l'origine, quelle qu'elle soit – et qui ne se donne jamais en pure présence. Mais je suis convaincu qu'il faut aller plus loin, notamment au regard des enjeux d'explicitation de l'origine hitchcockienne.

Le flou d'*Obsession* évoque immanquablement les filtres verts utilisés par Hitchcock dans *Vertigo*, sans doute plus particulièrement dans la séquence où Madeleine se rend sur la tombe de Carlotta Valdes. Mais en même temps, nous devons tenir compte d'une différence majeure : De Palma et Zsigmond recourent à des filtres qui nimbent l'image et favorisent la compénétration des ombres et de la lumière, mais aucune tonalité chromatique spécifique n'est pour autant mobilisée. La dominante chromatique varie, parfois d'une séquence à l'autre, en fonction du lieu, de l'action, etc. De Palma vide donc son filtrage de l'identité chromatique propre à *Vertigo*, pour ne garder en fin de compte que le flou lui-même. Je propose dès lors un pari interprétatif : puisque nous avons découvert et analysé l'importance de la référence d'*Obsession* à l'art florentin de la fin du Moyen Âge et de la Renaissance, nous pouvons faire l'hypothèse que ce flou de la photographie participe d'un même pari esthétique que la référence à l'architecture florentine, à Daddi, à Dante. Ainsi, le flou d'*Obsession* aurait-il quelque chose à voir avec le *sfumato* de Léonard de Vinci, artiste, intellectuel, homme de science fondamentalement florentin – quoi qu'il en soit de ses longs séjours à Milan et en France.

Mais qu'est-ce que ce *sfumato?* Plus encore, sans doute, que le célèbre motif de la spirale, récurrent dans son œuvre, le *sfumato* marque le style de Léonard. Voici ce qu'écrit à ce propos Daniel Arasse : « le grand apport de sa peinture, lentement découvert et inventé, et comme son signe distinctif, réside dans le *sfumato*, cet estompage ou "enfumage" qui vise à annuler le contour des corps »[1]. Ce sont donc les formes en tant que silhouettes, contours des corps qui rendent ceux-ci reconnaissables et qui leur assigne une place dans le temps et l'espace, que le *sfumato* vient à tout le moins interroger. Pour autant, il ne faut pas attribuer à Léonard des prétentions qui ne furent pas les siennes. Le *sfumato* n'a pas de visée déformante, mais correspond bien plutôt à une exigence de vérité perceptive, il est « fondé sur l'invisibilité effective du contour »[2]. En somme, en pratiquant le *sfumato*, la peinture cherche à saisir « la nature dans ses processus mêmes, c'est-à-dire aussi la nature telle qu'elle s'offre à voir, sans contours »[3]. C'est bien le rythme du monde qui est en jeu dans le *sfumato* de Léonard.

Cet « enfumage », pour reprendre l'expression d'Arasse, s'il brouille les contours des corps pour les rendre d'autant plus dynamiques, est pourtant déstabilisant – à tout le moins, il déstabilise les exigences des délimitations propres à la perspective géométrique d'Alberti et, y substituant le plus souvent une « perspective atmosphérique », joue de la compénétration de la lumière et de l'ombre. Léonard le note dans ses *Carnets*, comme si souvent à la manière d'une injonction qu'il s'adresse à lui-même : « veille à ce que tes ombres et lumières se fondent sans traits ni lignes, comme une fumée »[4]. Il y a dès lors, dans le souci même de connaître et de montrer le rythme du monde, une attention toute particulière portée à l'opacité. Saisir le rythme du monde n'est certes pas une entreprise toute de clarté. Le *sfumato* n'a la perception pour fondement que dans la mesure précise où ce rythme est une

1. D. Arasse, *Léonard de Vinci. Le rythme du monde*, Paris, Hazan, 1997, p. 217.

2. *Ibid.*, p. 218.

3. *Ibid.*, p. 230.

4. L. de Vinci, *Carnets*, tome II, trad. fr. de L. Servicen, Paris, Gallimard, 1942, p. 217-218.

déstabilisation à chaque intervalle. Je m'en remets encore une fois à Daniel Arasse : « Tel pourrait être le but intime de cette conquête de l'ombre à laquelle Léonard consacre la part la plus personnelle de sa peinture : dans les profondeurs que suscite l'opacité dématérialisante du *sfumato*, obtenir qu'affleure un mystère »[1].

Notons que cette opacité même est encore dépendante, pour Léonard, de l'imitation des conditions perceptives. Selon Pietro Marani, l'un des plus éminents spécialistes contemporains de l'œuvre de Léonard, le *sfumato* doit se comprendre au croisement de deux données perceptives essentielles – l'invisibilité des contours et l'épaisseur de l'air que découvre Léonard : « ce sont les considérations "scientifiques" qu'il fit en Lombardie vers les années 1490 [...] qui lui permirent d'établir que l'air n'est pas un medium abstrait, vide et transparent, mais un élément où l'air et l'eau se mélangent. Et ce que Léonard appelle [...] l'"air épais" est un air rempli d'une infinité de particules d'eau qui s'interposent entre l'œil de l'observateur et les choses vues dans le lointain, rendant celles-ci moins nettes et d'une couleur moins vive, mais blanchies par l'humidité. C'est de l'union de ces deux considérations, l'une sur le fait d'"estomper" *comme une fumée*, l'autre sur l'"air épais", qu'est né le concept de "fondu" pictural de Léonard [...] »[2]. L'« enfumage » est ainsi, à tous égards, une pratique picturale qui se veut avant tout sensibilité au monde et qui permet à Léonard non pas d'imiter la nature, mais d'imiter la nature créant, devenant – apparaissant dans son *rythme*, dirait Arasse.

L'air est épais aussi chez De Palma et Zsigmond. Les filtres utilisés le rendent presque palpable. Les contours s'éludent et n'en sont que plus opaques. Nous observons une image que l'on dirait volontiers enfumée et mystérieuse. Ce que nous voyons nous résiste tant qu'il nous échappe. Mais s'il me semble pertinent, pour comprendre ce qui se met ici plastiquement en place, de se référer au *sfumato* léonardien

1. D. Arasse, *Léonard de Vinci. Le rythme du monde*, *op. cit.*, p. 252.

2. P. C. Marani, « Le sfumato de Léonard de Vinci », dans P. Boucheron et Cl. Giorgione (éd.), *Léonard de Vinci. La nature et l'invention*, Paris, Universcience Éditions-Éditions de La Martinière, 2012, p. 180.

– disons même florentin, au regard non seulement de la relation de Léonard avec sa ville natale, mais aussi de la postérité de ce style par exemple chez Raphaël –, encore faut-il faire droit à ce que De Palma fait subir à cette esthétique, et comprendre comment il la détourne, au moins pour partie.

Si le *sfumato* léonardien est le rythme de l'opacité du monde, et participe ainsi de la splendeur de la manifestation de ce monde sous nos yeux, De Palma en use essentiellement pour sa puissance que je dirais déstructurante des corps – dé-limitante au sens où les corps perdent de leurs délimitations. Le flou d'*Obsession* doit être rapporté à cette possibilité extrême de confusion des corps. Je pense évidemment aux corps de la mère et de la fille, d'Elizabeth et d'Amy. L'une des premières séquences nous montre Courtland et sa femme qui dansent au milieu des invités dans leur maison de New Orleans. Si nous avons en tête dès ce moment la référence hitchcockienne de De Palma, nous sommes marqués par les amorces d'un enveloppement des époux par un mouvement à 360° – qu'il soit celui de la caméra en travelling circulaire ou celui des personnages qui tournoient devant la caméra. Ce mouvement est bientôt interrompu par la vision d'Amy qui, assise sur les marches d'un large escalier, observe ses parents. Les époux invitent leur fille à les rejoindre dans leur danse – le cercle unit désormais les trois figures. Mais très vite Elizabeth se retire et, comme les invités, elle regarde Courtland qui danse avec sa fille dans les bras. Amy a pris la place d'Elizabeth.

Bien sûr, cet épisode annonce la suite de l'intrigue : de la même manière, Amy va se substituer à sa mère à Florence. Le corps de Sandra Portinari confond alors en lui les corps de la mère et de la fille. Amy « incarne » tout à la fois Sandra Portinari et le corps « rajeuni » d'Elizabeth. Geneviève Bujold interprétant les deux rôles – évidemment, comme Kim Novak dans *Vertigo* –, ce corps est à la fois même et autre. Lorsque Sandra apparaît pour la première fois à Courtland, elle est justement prise dans le *sfumato* de Zsigmond, dont l'effet est encore accentué par la faible lumière d'une chapelle d'église et même par la forte contre-plongée (elle se trouve sur un échafaudage installé pour la restauration de l'œuvre de Bernardo Daddi) qui situe le corps de Sandra en une zone distante, presque inatteignable pour celui qui la regarde – qu'il s'agisse de Courtland ou du spectateur. Les transformations du corps – celui d'Amy qui a grandi, celui d'Elizabeth qui réapparaît tout en étant rajeuni, celui de Geneviève Bujold qui est deux ou même trois (en tenant compte de Sandra Portinari) en un – génèrent sous notre regard une instabilité de la forme plastique.

Cette instabilité et cette dé-limitation du corps apparaissent encore plus violemment, et saisissent littéralement notre regard par un effet d'altération, dans le flash-back au cours duquel Amy se rappelle de son enlèvement et de la manière dont elle a été arrachée à sa mère avant d'être envoyée en Italie. Toutes ces séquences nous montre la jeune Amy, alors âgée de neuf ans, mais interprétée par Geneviève Bujold habillée et coiffée en Sandra/Amy. Par le choix des angles de cadrage et par le montage, De Palma nous suggère visuellement un rapetissement du corps par rapport aux corps adultes (les ravisseurs, Lasalle). Le flash-back est remémoré par Amy dans son corps d'adulte mais avec un rapport enfantin aux autres corps. On la voit ainsi donner la main et regarder par en dessous vers un corps qui, dans le plan suivant, est celui d'un ravisseur. Nous, spectateurs, voyons le corps de Geneviève Bujold – qui supporte déjà le rôle de Sandra, celui d'Amy adulte et celui d'Elizabeth pourtant morte – changer de contour dans son rapport à son environnement pour redevenir enfant, et cela par de simples effets de cadrage et de montage qui viennent déstabiliser notre regard sans jamais verser dans le ridicule. Tout le « mystère » que génère le *sfumato* s'accomplit dans la confusion du corps ou des corps.

Ce n'est donc pas seulement l'identité du personnage qui est ici en cause (question essentielle en soi, pourtant, et qu'*Obsession* ouvre d'ailleurs aussi vertigineusement que le faisait *Vertigo*), mais les limites de son propre corps et sa forme plastique. Si j'ai raison de considérer qu'il s'agit là d'un enjeu majeur d'*Obsession* et que dès lors, le *sfumato* est le style propre à cette dé-limitation du corps, on me permettra sans doute de prolonger la réflexion en revenant à Léonard et en risquant un nouveau rapprochement – lequel, j'en conviens, n'a pas de fondement factuel dans les références explicites de Brian De Palma.

Il est une toile où Léonard pousse très loin la relation entre son *sfumato* et une certaine dé-limitation des corps – y compris en s'emparant thématiquement de l'iconographie biblique classique : *La Vierge, l'Enfant Jésus et sainte Anne*, vraisemblablement commandée au peintre par le roi de France Louis XII. Léonard travaille à cette toile de 1499 à 1513 (sinon jusqu'à sa mort en 1519) et il la laisse en fin de compte inachevée. Elle a connu de très nombreuses étapes de développement, essais, reprises qui n'en ont pas réduit le caractère florentin[1]. Je ne rentre pas dans le détail de l'iconographie de l'*Humanissima Trinitas* (la trinité humaine associant le christ à sa mère et à sa grand-mère), pas plus que dans les détails de l'évolution de la composition du tableau. Il me suffit ici de souligner que c'est précisément la mise en relation des trois corps par leur positionnement dans l'espace qui a été l'enjeu essentiel des explorations infinies de Léonard et l'objet de ses recherches sur la composition. Or, au point d'aboutissement dont nous disposons[2], ce qui frappe avant tout, c'est une certaine confusion des corps, ou du moins un enchevêtrement dé-limitant. Daniel Arasse l'a décrit très simplement : « [...] un des traits les plus brillants de l'"invention" léonardienne tient sans doute au fait que, tout en étant très clairement articulées et dynamiquement différenciées, les figures tendent à se fondre les unes dans les autres, le

1. « Le processus de création de la sainte Anne commence vers 1500, à Florence, où le souvenir des réflexions initiales marque longtemps les esprits » (L. Fagnart, *Léonard de Vinci à la cour de France*, Rennes, Presses de l'Université de Rennes, 2019, p. 62). Et au demeurant, « Anne est également considérée comme l'une des protectrices de la République de Florence, et ce spécialement depuis le 26 juillet 1343, jour de la fête de sainte Anne, quand les Florentins s'étaient soulevés contre Gautier de Brienne, duc d'Athènes, et ainsi libérés de son joug » (*ibid.*, p. 68).

2. Précisons cependant que l'inachèvement concerne seulement « le paysage intermédiaire, situé entre les rochers du sol et le cours d'eau du fond, ou la robe de sainte Anne » (*ibid.*, p. 66), et pas les corps eux-mêmes ni « l'enfumage » de leurs contours qui les met en relation.

groupe formant maintenant un ensemble organique vivant, saisi dans le moment de sa transformation, dans un état de séparation retenue. Pour obtenir cet effet, Léonard dispose ses figures de telle manière que la tête de Marie recouvre l'épaule gauche de sainte Anne et, surtout, que les deux épaules droites coïncident exactement, le bras droit de Marie pouvant ainsi devenir virtuellement celui de sainte Anne. Sans être manifeste au premier regard, cette invention assure la très forte cohésion de l'ensemble – et donne d'autant plus brillamment figure à la filiation Anne-Marie-Jésus (qui constitue le thème même de l'image) que la main qui achève ce mouvement va se fondre dans l'ombre du ventre de Jésus »[1]. Où le *sfumato* se révèle comme style constituant de la composition même.

La Vierge, l'Enfant Jésus et sainte Anne donne à voir, dans sa dynamique à la fois descendante et latérale de gauche à droite, un enchevêtrement des corps comme la vérité la plus profonde de leurs limites apparentes. Une fois que nous avons pris en vue ces dé-limitations, nous en gardons une étrange impression : puissance de la monstration de la génération (« Léonard fait sortir Jésus d'entre les jambes de sa mère, il le fait à proprement parler "venir au monde" »[2]), mais aussi mise en crise de la séparation des corps. Or, n'est-ce pas là précisément ce qui se joue dans *Obsession*, avec son *sfumato* spécifique? Si du tableau de Léonard, on peut écrire que « tout se passe comme si la Vierge et sainte Anne possédaient un même corps représenté à différents stades d'un même mouvement »[3] en y reconnaissant une puissance de l'unité organique dans le devenir temporel, d'*Obsession* et de ses dé-limitations entre les corps, il faut plutôt saisir la confusion déstabilisante dans cette même peinture de la génération. Comme si les choses étaient de moins en moins claires, de moins en moins évidentes, de plus en plus dé-formantes dans la temporalité de la génération. Pensons au dernier plan : Sandra/Amy se jette dans les bras de son père,

1. D. Arasse, *Léonard de Vinci. Le rythme du monde*, *op. cit.*, p. 356.
2. *Ibid.*, p. 359.
3. Fr. Zöllner, *Léonard de Vinci. Tout l'œuvre peint*, Köln, Taschen, 2011, p. 182.

l'étreint en tant que père, et la caméra entame ce fameux travelling à 360° qui s'accomplit enfin – alors qu'il était à peine amorcé dans les premières séquences du film, lorsque s'annonçait seulement, et encore très insidieusement, la dé-limitation. Et comme si cela ne suffisait pas à assumer la rime avec l'étreinte de Scottie et Judy lorsque celle-ci est enfin redevenue Madeleine, voici que le regard de Courtland se perd vers les côtés, comme au-delà du cercle bienheureux[1]. Il vient de comprendre que Sandra est Amy et qu'il a donc commis ou au moins a été sur le point de commettre – la chose est indécidable – l'inceste, qui brouille toutes les limites. L'inceste n'est pas un enjeu moral, psychologique ou sexuel dans *Obsession* : il est la matérialisation à l'écran de ce que le temps de la génération est en même temps un éloignement par rapport à la clarté des contours, une confusion des corps plastiques avant même d'être une confusion des sentiments.

Obsession répète *Vertigo*[2] et au-delà encore l'art florentin. Il se revendique comme une répétition dans les discontinuités historiques mêmes : de l'art renaissant florentin au cinéma, du cinéma classique de Hitchcock au cinéma qui se sait en retard sur ce classicisme. Entendons-nous bien : il répète mais il ne *commente* pas. J'ai déjà dit qu'il s'agit bien plutôt ici d'une *explicitation*. *Obsession* n'objective pas comme une donnée filmique parmi d'autres le *Vertigo* d'Alfred Hitchcock, il prend place dans un mouvement qui consiste à rejouer *Vertigo*, en faisant à nouveau narration et en assumant en même temps la réinvention qu'exige l'éloignement de l'origine. L'action d'*Obsession* commence en 1959 – soit l'année qui suit la sortie de *Vertigo* sur les écrans, tandis qu'après une longue interruption dans la diégèse, l'intrigue se

1. Comme Scottie, encore une fois, qui semble tenu par le doute ou le malaise au moment même d'étreindre ce corps.

2. Je n'ai exploité ici que quelques éléments de cette répétition, sans approfondir ce qui pourrait l'être encore, comme le rôle du compositeur Bernard Herrmann ou la thématique du tableau dans le cadre filmique : revenue comme future épouse dans la maison de son enfance, Sandra/Amy contemple un tableau qui la représente auprès de sa mère – visualisation et mise en abîme d'un passé originaire qui est déclassé, comme l'est toujours déjà, par l'effet de la manipulation, le portrait de Carlotta Valdes qu'admire Madeleine au musée du *California Palace of the Legion of Honor*.

dénoue en 1975, soit l'année qui précède la réalisation d'*Obsession*. Ces données chronologiques affichées par le film disent aussi à leur manière le fait que la « venue après » exige une réinvention qui sait son éloignement. Et dans cet éloignement où l'origine recule (jusqu'aux commencements florentins de l'art moderne et certainement au-delà), où l'origine s'efface et rend possible dans le même mouvement, la création de De Palma met en œuvre toute son ambiguïté constituante : la dynamique de création est aussi ici la monstration d'une étrange « descente » des formes. Répéter la création se révèle comme une altération des formes et une dé-limitation des corps. La création dans l'après est une *seconde chance*, mais aussi bien un éloignement de l'origine et une perte formelle. *Obsession* rejoue *Vertigo* et l'explicite en même temps : après tout, cette dé-limitation n'était-elle pas aussi à l'œuvre, à bas bruit, chez Hitchcock?

chapitre 2
la mort présente
Billy Wilder en répétitions

Celui-ci n'a-t-il aucun sens de ce qu'il fait,
qu'il chante en creusant des tombes?[1].

À la fin de *Fedora* (1978), film lui-même tardif dans l'œuvre de Billy Wilder, une vieille actrice, clouée dans une chaise roulante et défigurée par une chirurgie esthétique qui a mal tourné, jette à son interlocuteur : « Que donneriez-vous pour renaître? Pour avoir une seconde chance? ».

Il semble donc bien qu'en inaugurant ce second chapitre, je ne m'éloigne guère de la formulation des enjeux du premier. Pourtant, l'acuité du regard de Wilder, une certaine forme de désespoir qui affleure très souvent dans ses scénarios comme dans ses mises en scène, modifie ici clairement la donne. Pour le dire de manière sans doute quelque peu abrupte – mais la tâche des pages qui suivent est bien évidemment d'expliquer et de complexifier cette thèse –, Billy Wilder a exploré la seconde chance dans le sens de l'échec et de l'enlisement. S'il m'intéresse tout particulièrement ici, c'est que l'enlisement, cependant, n'est pas l'autre de la création mélancolique telle qu'elle se dessine dans le premier chapitre, mais bien plutôt son risque le plus intime. Nous l'avons déjà entrevu. Billy Wilder le met à présent en scène.

1. W. Shakespeare, *Hamlet*, trad. fr. de Y. Bonnefoy, Paris, Gallimard, 1978, p. 180 (Acte V, scène 1).

Au cœur de sa méditation en image sur la création, Wilder *se répète*, car la répétition est chez lui la forme même de l'enlisement. Je ferai droit à cette répétition dans la structure de mon analyse, puisque je traiterai successivement de *Sunset Boulevard* (1950) et de *Fedora*, considérant que Wilder se répète bel et bien de l'un à l'autre, quoi qu'il en soit de ses dénégations. Il n'est au fond de plus sûr moyen de mettre en scène la répétition que de répéter, non seulement la mise en scène, mais, pour mieux dire encore, la mise en scène de la répétition. Si *Sunset Boulevard* est déjà en soi un film de la répétition, celle-ci se donne à voir et même s'accomplit lorsque *Fedora* répète à son tour la répétition de *Sunset Boulevard*. Que Wilder, en répondant à la presse spécialisée, ait minimisé à l'époque la relation entre les deux films doit être considéré comme une pirouette rhétorique de la part d'un réalisateur qui était coutumier du fait[1]. Au-delà même de la simple répétition de l'attribution des rôles, puisque William Holden tient dans les deux cas le « supporting » rôle auprès d'un personnage féminin présenté comme une star de cinéma, de nombreux éléments narratifs, parfois d'ailleurs à la limite du clin d'œil, lient intimement ces deux œuvres en définitive construites non pas précisément en miroir, mais plutôt dans un jeu assumé de redondances.

première répétition : « Sunset Boulevard »[2]

Dès le début de l'intrigue de *Sunset Boulevard*, et à plusieurs reprises, le spectateur qui connaît l'œuvre de Billy Wilder est frappé par une impression de « déjà vu », comme si le réalisateur voulait ainsi d'emblée

1. Ainsi, Wilder regrettait que l'attribution du rôle de Barry Detweiler dans *Fedora* à William Holden risquât de « renforcer le parallèle avec *Boulevard du crépuscule* » (M. Ciment, *Passeport pour Hollywood. Entretiens avec Wilder, Huston, Mankiewicz, Polanski, Forman, Wenders*, Paris, Ramsay, 1992, p. 98). Dans le même entretien, Michel Ciment fait pourtant observer au réalisateur : « *Fedora* est presque une somme de ce que vous avez exprimé au cinéma » (*ibid.*, p. 100).

2. Je remercie au passage Samuel Janssen de m'avoir donné l'envie de revenir à *Sunset Boulevard* à l'occasion d'un examen qu'il a présenté pour mon cours de Philosophie de l'art et de la littérature.

poser son nouveau film dans une stratégie de reprise. L'incipit avec ses voitures lancées à vive allure sur Sunset Boulevard n'évoque-t-il pas, y compris dans ses choix de cadrage, celui de *Double Indemnity* (*Assurance sur la mort*, 1944), premier chef-d'œuvre et premier grand succès de Wilder en tant que réalisateur? Dans ce film noir, c'était le vendeur d'assurances devenu criminel qui traversait de nuit Los Angeles. Cette fois, dans *Sunset Boulevard*, ce sont les voitures de la police et des journalistes – le crime a déjà eu lieu. Dans les deux cas, ces courses folles nous conduisent en un lieu à partir duquel débutera une narration en flash-back, racontée par un agonisant en 1944 et par… un mort en 1950. Dans les deux cas toujours, une maison apparaît au narrateur en voix off, une maison dont le style suscite le commentaire du narrateur et retient le regard du spectateur. Une bâtisse de style hispanique dans *Double Indemnity*, un palais construit à l'époque des années triomphantes d'Hollywood dans *Sunset Boulevard*. Enfin, dans les deux cas, le personnage féminin qui sera à l'origine de la mort du narrateur apparaît en ces lieux par un cadrage en contre-plongée, qui le magnifie et le rend mystérieux, sur un palier dans *Double Indemnity*, sur une galerie extérieure dans *Sunset Boulevard*. Sont-ce là de simples traits stylistiques de la mise en scène de Billy Wilder comme on pourrait en découvrir chez n'importe quel réalisateur, relevant parfois de l'anecdote pour cinéphile observateur? Ce serait naïf de le penser alors que *Sunset Boulevard* se déploie comme un film sur la répétition. Avant même que l'action principale n'ait réellement débuté, Billy Wilder nous donne à voir un univers du bien connu, nous laissant l'impression que, en tout état de cause, il n'est pas question ici de nouveauté.

La structure en flash-back ne peut que renforcer cette impression. C'est d'abord la structure elle-même qui vaut comme répétition d'un film à l'autre. Elle nous indique ainsi, dans le redoublement de la forme narrative, ce qu'est l'enjeu essentiel du flash-back auquel recourt Wilder, dans l'héritage du film noir : tout a déjà eu lieu, plus rien ne surviendra dans le présent de l'image qui ne se soit déjà accompli dans le passé. Et à nouveau, *Sunset Boulevard* surenchérit sur *Double Indemnity* : cette fois, le narrateur n'est pas blessé, il n'agonise pas – il est déjà mort. Quoi qu'il en soit de l'incongruité de cette voix d'outre-tombe, elle nous dit surtout que, décidément, tout est déjà joué, le rideau est tombé, la vie s'est éteinte. L'image répétera donc une vie qui s'est refermée sur elle-même.

Et pourtant, il s'agit de raconter, malgré tout. On pourrait dire que les conditions mêmes de la narration dans *Sunset Boulevard* se confondent avec l'enfouissement d'une existence. Dans le remarquable essai qu'il a consacré il y a peu à l'œuvre de Billy Wilder, Emmanuel Burdeau ne manque pas de l'observer : « Il semble donc qu'une histoire ne doive surgir qu'à l'endroit où, précisément, elle ne saurait de prime abord advenir »[1]. Burdeau lie précisément cette impossibilité de principe à la figure du tombeau, du cercueil ou du mausolée. C'est que, dans *Sunset Boulevard* comme dans de nombreux autres de ses films, Billy Wilder raconte une histoire parce qu'il profane les tombes : *Sunset Boulevard* « est bien l'histoire d'une tombe dont on force l'entrée », et il poursuit en évoquant ce qu'aurait dû être la séquence initiale si les réactions du public lors d'une projection-test n'avaient forcé Wilder à y renoncer : « Cet aspect eût été parfaitement clair si le film s'était ouvert par une scène dans une morgue. Cette clarté n'a pas entièrement disparu du film tel que nous le connaissons »[2].

Il faut bien entendre ceci : pour raconter une histoire, nous dit Wilder, il faut déterrer des cadavres. Ce qui n'est pas sans risque. *Sunset Boulevard* en est la démonstration, tandis que *Fedora*, à sa manière, creusera encore plus profondément. Restons-en cependant, pour l'instant du moins, au chef-d'œuvre de 1950 : Wilder nous raconte une mort proche avec une voix d'outre-tombe, mais qu'il mobilise comme une parole vive. C'est là toute la force de cette introduction pour le moins étonnante : le réalisateur-scénariste confie la voix off au mort – il rend ainsi la mort présente. L'histoire est gouvernée par une mort qui domine la narration et fixe l'image à l'écran. Mais encore, l'enjeu de

1. E. Burdeau, *Gravité. Sur Billy Wilder*, Montréal, Lux, 2019, p. 170.
2. *Ibid.*, p. 171.

cette narration consiste précisément lui-même en la profanation d'une autre tombe, celle de Norma Desmond.

Joe Gillis (interprété par William Holden) est un scénariste qui espère la reconnaissance d'Hollywood – une reconnaissance qui tarde. Il échoue à faire accepter son dernier scénario par un producteur de la Paramount (studio qui produit *Sunset Boulevard*). Financièrement aux abois, il ne parvient plus qu'à produire des scripts à vocation alimentaire. Joe incarne une création qui s'épuise, si seulement elle fut. Poursuivi par des agents de recouvrement de dettes qui veulent lui reprendre sa voiture achetée à crédit, il n'a d'autre choix que de se réfugier dans une propriété de Sunset Boulevard qui semble désertée. Après avoir caché sa voiture dans un garage de la propriété, il s'avance vers cette maison monumentale d'un autre temps – celui, il l'observe spontanément, du triomphe des grandes stars du cinéma muet. De fait, il y découvrira Norma Desmond (Gloria Swanson, jouant en quelque manière son propre rôle) et un étrange domestique, Max (Erich von Stroheim), qui semble lui-même échappé d'une époque révolue. Après un quiproquo et des échanges acerbes, Joe Gillis se prépare à quitter les lieux, mais reconnaît à ce moment qu'il a affaire à la glorieuse Norma Desmond, immense vedette du cinéma muet qui, comme bien d'autres qui ont donné chair à cet art dépassé, n'est plus qu'une actrice déchue, sinon oubliée, qui ne tourne plus depuis l'avènement du parlant. Elle est une figure du passé, pour ainsi dire emmurée vivante dans sa propriété que ne fréquente plus que quelques « has been » – des « statues de cire », comme les nommera Gillis.

Le scénariste sans le sou, et sans guère d'inspiration non plus, a pénétré par accident dans une « villa devenue un mausolée »[1], pour reprendre encore une fois les termes judicieusement choisis par Emmanuel Burdeau. Tout ici est mort, révolu, enseveli. La voix off de Joe Gillis compare d'ailleurs cette maison-tombeau à la demeure de Miss Havisham, dans l'adaptation réalisée en 1946 par David Lean des *Grandes espérances* de Dickens. C'est là l'une des premières références

1. *Ibid.*

explicites à une autre œuvre cinématographique dans la bouche de Gillis, et elle nous apparaît immanquablement pertinente : même si, dans le film de Lean, on n'a jamais de vue d'ensemble de la demeure, les grilles, quelques plans rapprochés du jardin laissé à l'abandon, et surtout les plans d'intérieur matérialisent à l'image la qualité de mausolée du lieu. Inspirées de l'imagerie des romans gothiques – comme c'était déjà le cas dans le roman de Dickens –, les pièces, que relie un réseau complexe d'escaliers évoquant les prisons de Piranèse, sont envahies de toiles d'araignées qui enserrent toute forme de vie qui prétendrait y renaître. Dans la salle à manger, l'immense table est couverte d'une vaisselle sans âge et est abandonné en son centre un gâteau de mariage qui incarne la pourriture du temps. Ce sont les restes d'un repas de mariage qui n'a pas eu lieu. Miss Havisham, délaissée au dernier moment par son promis, a figé le temps et renoncé à vivre. Un mausolée, en effet, dans lequel la vieille fille s'est enterrée vivante.

Ainsi, la référence de Gillis aux *Grandes espérances* est profondément juste – plus qu'il ne le perçoit sans doute lui-même à ce moment. Elle décrit le statut réel de la propriété de Norma Desmond. Mais l'identité s'arrête à l'instantané d'une image, celle de la découverte. Ce qui se joue dans le mausolée de Los Angeles – et qui n'est nullement en jeu dans la vieille demeure du Kent –, c'est la possibilité même de la création.

Joe Gillis a fortuitement découvert la maison de Norma Desmond alors qu'il échoue à créer. Son dernier scénario a été rejeté et un précédent a été ridiculisé sous ses yeux par une jeune relectrice du studio, Betty (Nancy Olson) : il ne fait que du réchauffé, reprend de vieilles histoires et ne produit que des scénarios éculés. Ce sont ses derniers espoirs d'artiste qu'il va perdre dans cette « grande propriété » qui lui apparaît d'abord « déserte et délabrée », mais qui est en fait occupée par un passé hollywoodien aussi mort que jadis prestigieux. En pénétrant dans ce mausolée, Joe Gillis enlise son présent dans un renoncement inconscient à son futur. Son existence est comme mise entre parenthèses et ses prétentions à la création avilies au service de la réécriture alimentaire d'un scénario rédigé par la star oubliée, un scénario qu'il sait bancal, sans espoir d'être porté un jour à l'écran.

Tout *Sunset Boulevard* se joue dans cette économie de l'épuisement de la veine créatrice de Joe et de la présence de plus en plus forte de la star du muet – une présence d'ailleurs oppressante, surtout lorsque Joe devient son amant. En fait, le renoncement de Joe à ses prétentions de créateur est la condition du réveil créateur, aussi pathétique soit-il, de Norma Desmond. La présence à l'écran de Norma Desmond engloutit les puissances créatrices de Joe Gillis. Ce qui permet à Emmanuel Burdeau d'écrire : « *Sunset Boulevard* narre bien une immobilisation. Un concours de circonstances conduit un scénariste à pénétrer un lieu retiré du monde, la villa d'une ancienne star du cinéma muet. Et à cette immobilisation répond une mise, ou plutôt en l'occurrence une remise en mouvement. Dès l'instant où Joe Gillis s'introduit chez elle, Norma Desmond revit »[1]. Se joue ainsi un commerce du passé et du présent qui définit l'enlisement dans la compréhension wilderienne de la création « dans l'après-coup » ou du retard de la création cinématographique. Je déploierai dans les pages qui suivent ces deux moments de l'étrange commerce de la création dans *Sunset Boulevard*, en insistant d'abord sur le sens du renoncement de Joe Gillis, pour poursuivre ensuite avec celui du « renouveau » de Norma Desmond.

Scénariste endetté et même aux abois, Joe pénètre dans le palais kitsch de Norma Desmond comme dans un musée inattendu. Lui-même l'est tout autant, inattendu : on le prend pour un autre. Un employé des pompes funèbres, tout simplement, qui serait venu au numéro 10086 de Sunset Boulevard pour préparer les funérailles d'un chimpanzé, animal de compagnie de la star déchue. On l'attendait pour des funérailles, mais il y a erreur sur la personne : Joe Gillis ne vient pas ensevelir. Tout à l'inverse, il fait irruption pour ranimer Norma Desmond, fût-ce bien involontairement, et cela au prix de son propre ensevelissement.

1. E. Burdeau, *Gravité. Sur Billy Wilder*, *op. cit.*, p. 82-83. Je dois préciser que mon interprétation de *Sunset Boulevard* doit beaucoup au très bel essai d'Emmanuel Burdeau, même si elle s'en séparera plus loin sur certains points.

Entendons-nous bien : ce qui est en jeu ici ne relève pas simplement de l'histoire du cinéma sous une forme de continuité, avec ses lentes sédimentations – une histoire qui alourdirait la dynamique de création, la lesterait; ce qui est en jeu, c'est une histoire brisée, interrompue et recommencée. L'histoire du cinéma est une histoire discontinue et c'est cette discontinuité même qui entrave Joe Gillis. Du moins, voilà ce qui apparaît lorsqu'il découvre, ou plutôt *re*découvre, Norma Desmond. Leurs premiers échanges tournent vite à l'aigre. Joe Gillis n'est donc pas l'employé de pompes funèbres pour lequel l'a d'abord pris Norma Desmond et il se permet de traiter la situation avec quelque ironie (un cercueil pour un chimpanzé...). Mais au moment de quitter la pièce, il se retourne. Il croit connaître cette femme entre deux âges, l'avoir déjà vue quelque part. Soudainement, il comprend : « Vous êtes Norma Desmond! Vous étiez une grande star du muet ». À quoi Norma répond : « Je suis une grande star. Ce sont les films qui sont devenus petits ».

Cet échange célèbre – Billy Wilder et son coscénariste Charles Brackett sont évidemment de très brillants dialoguistes et cette dernière collaboration entre eux le confirme à souhait – concentre le commerce dont je parlais plus haut. Tout d'abord, Joe Gillis est d'emblée dans la reconnaissance du passé comme passé, comme révolu. L'époque du muet n'est plus, elle ne concerne plus son époque de création. Entendant la réponse de Norma, il concède ironiquement : « Je savais que quelque chose sonnait faux... ». Il y a disharmonie, rupture de continuité pour lui entre son époque présente et celle à laquelle a appartenu Norma Desmond et que, pour sa part, elle prétend encore vivace. Un peu plus tard, alors qu'elle évoque le scénario maladroit qu'elle a rédigé à l'intention de Cecil B. DeMille et dont elle projette de jouer le rôle-titre (Salomé), Joe évoque son « *come-back* ». À quoi Norma oppose qu'elle déteste ce mot, ce sera bien plutôt un « *return* ». La nuance entre les deux termes qu'exploite ici la susceptibilité de la star déchue réside en ce que le premier peut avoir une connotation péjorative : il y a eu un échec avant le « come-back », un oubli, une rupture dans le cours des choses, donc. Le terme « return » est plus neutre de ce point de vue, et ne suppose pas une période de désaveu. Autrement dit, elle n'est jamais vraiment partie, n'a jamais déchu. Ce qui encourage Norma dans cette illusion, c'est l'important courrier qu'elle reçoit encore de ses admirateurs – nouvelle illusion, puisque c'est en fait son domestique Max qui se charge de rédiger les missives et de les envoyer. Mais ce qui m'importe surtout ici, c'est que le point de vue de Joe est fondamentalement discontinu, là où celui de Norma revendique une continuité. L'histoire du cinéma boîte, pour Joe, son chemin n'est pas celui d'un cours temporel linéaire, et il y a donc littéralement quelque chose qui « cloche » à découvrir Norma Desmond non seulement si proche d'Hollywood, mais encore qui prétend ne l'avoir jamais vraiment quitté. À l'inverse, Norma prétend à une continuité si forte qu'elle se confond avec une présence pure et simple. Ainsi, les termes du rapport et les enjeux du drame sont parfaitement posés.

De prime abord, la discontinuité est en quelque sorte salvatrice. Ces temps-là sont révolus, Joe appartient à une autre époque. Mais ne faut-il pas plutôt considérer que, lorsque ce passé fait retour – ce que Joe lui-même provoque en exhumant le corps de Norma Desmond par son effraction du mausolée –, il est d'autant plus pesant qu'il est autre? Et que le « come-back » ne peut dès lors devenir qu'écrasant (Norma fera même de Joe son jeune amant), voire violent? L'incongruité de cette résurgence d'un passé pourtant révolu est notamment marquée par le fait même que Joe Gillis est le seul à reconnaître Norma Desmond. C'est là un nom qui ne dit rien à Betty Schaeffer, avec laquelle Joe tentera bientôt d'écrire un nouveau scénario pour échapper à la toute-puissance de la star qui l'emploie. Et lorsque Norma, accompagnée de Max et de Joe, se rend aux studios de la Paramount, on lui barre d'abord l'entrée. Elle ne profite de nul passe-droit et son singulier équipage ne lui permet pas de forcer l'entrée – une vénérable voiture, luxueuse Isotta Fraschini elle-même issue d'un autre temps, conduite par un chauffeur en costume ad hoc, tandis que Norma siège sur la banquette arrière auprès d'un Joe plus que jamais engoncé dans son rôle de gigolo. Certes, elle est reconnue, mais par un gardien qui était déjà en fonction à l'heure de sa gloire. Il en ira de même ensuite, lorsqu'elle pénètrera dans le studio où Cecil B. DeMille tourne *Samson et Dalila* (effectivement réalisé en 1949). D'abord présente incognito, dans l'indifférence générale, elle n'est en fin de compte reconnue que par un technicien qui l'a éclairée au temps de sa splendeur.

Il est donc évident que Norma appartient bien à un monde qui est non seulement passé, mais même en rupture avec le monde présent. Elle ne lui appartient pas comme un héritage que l'on ferait fructifier, un passé intime, mais fait effraction comme une étrangeté. Or, j'y insiste, Joe est le seul pour lequel il s'agit à la fois d'une étrangeté *et* d'un connu, un connu d'autant plus prégnant qu'il l'a lui-même ramené au présent. Autrement dit, cette étrangeté ne lui est pas indifférente, elle pèse sur lui, comme sur quelqu'un qui a la conscience aigüe d'une discontinuité. Loin d'être ignorant de ce qui a précédé, ou d'y être indifférent, Joe Gillis le connaît en son étrangeté. Cela donne au passé un poids tout à fait disproportionné par rapport au lestage classique d'une sédimentation historique. Pour Joe, l'étrangeté est au cœur du connu et n'en a que plus de force, de puissance. L'histoire du cinéma est *présente dans la discontinuité*. Cela complique-t-il la création? Après tout, n'est-ce pas Norma qui voit le plus clair à ce propos?

Le cinéma parlant est celui du temps de Gillis, pas celui du temps de Norma, même en cette époque où elle semble ressortir du tombeau. Pour Norma, non seulement ce cinéma parlant est trop « *small* », mais il est dépassé, son histoire s'est déjà achevée – il est « fini » parce qu'il se réduit à des paroles. Au-delà de l'amertume et du ressentiment à l'égard du tournant d'un art qu'elle n'a manifestement pas su prendre et qui l'a laissée sur le bas-côté, il faut bien entendre que c'est au fond la stérilité de ce « nouveau » cinéma que stigmatise Norma. Au jeune scénariste qu'elle a devant elle, elle assène que ce cinéma ne fait que « parler, parler, parler ». Le même genre de formule est répété juste après, lorsque Norma comprend que c'est précisément à un professionnel des mots qu'elle a affaire : « vous écrivez des mots, des mots, encore des mots ».

Ne pouvons-nous entendre ici quelque résonnance shakespearienne? Souvenons-nous : lorsqu'Hamlet, arpentant une galerie un livre à la main, est interrogé par Polonius sur ce qu'il lit, il lui répond laconiquement : « Des mots, des mots, des mots »[1], pour conclure qu'il eût mieux valu que ceux-ci ne fussent pas couchés par écrit. On se souviendra encore qu'Hamlet se reproche sa procrastination en stigmatisant sa complaisance pour les mots :

> Mais quel âne je suis! Et qu'il est beau
> Que moi, le tendre fils d'un père assassiné,
> Moi que ciel et enfer poussent à se venger,
> Je déballe mon cœur avec des mots, des mots
> Comme ferait une fille! Mots orduriers,
> Bons pour une putain ou un bardache. Quelle horreur![2]

Au demeurant, Hamlet n'est pas le seul à se lamenter ainsi sur l'inefficacité des mots. Lorsqu'ils reçoivent Polonius, Claudius et Gertrude s'agacent également de leur surabondance inutile : « Plus de matière et moins d'art »[3], réclame la Reine. Comme l'a très bien observé Northrop Frye, l'ensemble de la pièce met en scène une parole qui donne le sentiment de toujours surseoir, rendant l'action stérile : « [Cette tragédie] est longue, en partie parce que tous les personnages, à l'exception des deux femmes, parlent trop. (Ce n'est qu'une fausse impression, bien sûr, car il n'y a pas en réalité de gaspillage de mots). "Mais je serai bref", dit le spectre, et il monologue encore pendant cinquante vers. "Je serai bref", dit Polonius après que la reine l'a interrompu et lui a dit d'en finir, et il ne l'est pas non plus. Même l'acteur qui joue le rôle de la reine, dit Gertrude, bavarde trop. Hamlet, bien sûr, parle sans cesse : il se demande pourquoi il "doit, comme une putain, décharger son cœur avec des mots", mais il continue à parler.

1. W. Shakespeare, *Hamlet, op. cit.*, p. 84 (Acte II, scène II).
2. *Ibid.*, p. 100 (Acte II, scène II).
3. *Ibid.*, p. 79 (Acte II, scène II).

Il parle tant qu'il finit par avoir l'air d'un guide ou d'un commentateur de la pièce [...] »[1].

La formule « Des mots, des mots, des mots » et ses multiples variantes dans la pièce de Shakespeare dit l'infécondité, la complaisance et même la trahison des mots. La reprise de la même formule et d'autres variations dans *Sunset Boulevard* sont certainement une réminiscence du dialogue shakespearien chez des scénaristes aussi cultivés que Wilder et Brackett. Et si nous voulons bien, dès lors, prendre au sérieux cette réminiscence, nous entendons clairement que Norma Desmond dénonce la stérilité du cinéma parlant. Pour elle, « son » cinéma n'est pas mort – elle est elle-même bien présente – et ce sont ainsi Joe Gillis et son « art » qui sont repoussés dans les limbes d'un art infécond.

La rupture dans l'histoire du cinéma met donc en face à face un art créateur et un art infécond, et dans la perspective de Norma, c'est le plus récent historiquement qui incarne l'art infécond. Le point de vue de Norma peut d'ailleurs être étayé par un certain nombre de traits caractéristiques du personnage de Joe Gillis. Bien sûr, nous le découvrions déjà en manque de veine créatrice avant même qu'il ne pénètre dans la demeure de Norma Desmond. Jeune encore, il a tout l'air d'un *has been* qui n'a pas même eu le temps de connaître une réelle gloire. Il n'est sans doute pas assimilable aux aspirants acteurs, scénaristes, réalisateurs, etc. peuplant une « bohème » qui piaffe aux portes d'Hollywood et que Wilder nous montre à l'occasion d'une scène de réveillon de fin d'année. Il semble bien en effet que Joe Gillis a déjà travaillé à plusieurs reprises sur des scénarios portés à l'écran. Du moins y a-t-il contribué – mais manifestement sans se faire beaucoup remarquer. Conscient de l'échec qui le menace, et aux abois financièrement, il envisage sérieusement de rentrer chez lui, à Dayton, dans l'Ohio. Le personnage qui nous est ainsi dépeint n'est pas totalement extérieur au monde de la création – il y a part, mais la

1. N. Frye, *Shakespeare et son théâtre*, Québec, Éditions du Boréal Express, 1988, p. 126-127. À propos du rapport complexe entre langage et action dans *Hamlet*, je me permets de renvoyer à L. Van Eynde, *Shakespeare. Les puissances du théâtre. Un essai philosophique*, Paris, Kimé, 2005, p. 123-141.

veine créatrice s'est tarie. La stérilité des efforts de création n'en est que plus manifeste, comme le manque ou la perte sont plus sensibles que l'absence ou l'indifférence.

Les relations que Joe entretient avec Betty ne sont-elles pas celles d'un velléitaire qui, pour le coup, ne passe jamais à l'action et entrave leur projet de scénario ? Betty cherche à plusieurs reprises à l'impliquer dans la réécriture et le développement d'un des précédents scénarios de Joe. Dans un premier temps, celui-ci refuse, s'esquive, convaincu que cela le mettrait face à son impuissance. En fin de compte, il cède pourtant à Betty. Tous deux se retrouvent alors de nuit, dans le bureau de Betty à la Paramount, pour écrire ensemble, tel un duo de scénaristes en miroir déformant du couple Wilder/Brackett. Mais rien ne sortira, en fin de compte, de cette collaboration. La relation amoureuse à laquelle Joe renonce au moment même où elle s'impose pourtant à tous deux n'est au fond rien d'autre que le symbole de son impuissance. Ce renoncement amoureux est aussi renoncement à leur création commune.

Sans doute le spectateur pourra-t-il nourrir encore quelque espoir pour le futur de Betty, ce qui accentue l'impression d'enlisement de Joe. On peut se demander si cette différence ne se joue pas déjà dans une scène qui se situe à une époque de l'action où Joe lui-même peut nourrir quelque espoir d'une vie enfin créatrice, loin de Norma Desmond. Au milieu d'une de leur nuit d'écriture, nous suivons Betty et Joe qui déambulent parmi des décors et des plateaux de la Paramount. Sans doute n'est-il pas anodin que la voix off de Joe situe d'emblée cet épisode dans un moment où le duo peine à progresser : « Parfois, quand on avait un blocage, on faisait un petit tour dans le studio engourdi. On parlait peu, en déambulant dans les allées entre les plateaux, ou parmi les décors qu'on préparait pour le lendemain ». La remarque est légère, certes. Mais dans un film qui médite notamment sur l'enlisement de la création, elle évoque aussi une inquiétude quant à un processus fragile qui pourrait s'interrompre. Au demeurant, cette balade nocturne nous donne l'impression d'être précisément dans un entre-deux. Nous découvrons tout autour du couple des décors qui ont sans doute déjà servi et sont à présent désertés. Mais la voix off évoque aussi les préparatifs pour les tournages du lendemain. Sur l'un des plans, nous apercevons d'ailleurs des peintres qui s'affairent sur une toile en trompe-l'œil. Nous sommes entre hier et demain, là où la possibilité même de la création se joue, mais hésite aussi dans l'inquiétude de Joe Gillis. Le processus de création est ici comme en suspens.

Le dialogue entre les deux scénaristes au devenir incertain est d'ailleurs révélateur dès que l'on accepte d'y entendre autre chose que des anecdotes. Il tourne autour de l'histoire de Betty – une « histoire de cinéma ». Enfant, elle jouait dans ces allées. Son père et sa mère travaillaient pour la Paramount, lui comme éclairagiste, elle comme habilleuse. La famille de cinéma remonte d'ailleurs à la génération précédente, puisque la grand-mère était cascadeuse. Cet échange s'est ouvert sur une profession de foi dans le cinéma : « Regardez cette rue. Tout est en carton, vide. Tout est faux. Ce n'est qu'illusion. Mais vous savez, je la préfère à n'importe quelle autre rue dans le monde ». En fait, Betty nourrit une véritable intimité avec la création cinématographique et son monde artificiel. À tel point qu'aucun échec ne semble remettre en cause son inscription dans ce mouvement d'invention. Elle s'est rêvée actrice, mais a dû déchanter. Mais qu'importe, elle n'a aucun regret : « Qu'il y a-t-il de mal à être derrière la caméra? ».

Par contraste, Joe semble venir d'ailleurs. Bien sûr, il s'inscrit aussi dans la chaîne de production de la Paramount, même si c'est pour lors avec quelques difficultés – mais il reste de l'espoir, n'est-ce pas? Il écrit avec Betty. L'effectivité du cinéma et son histoire, aussi familières puissent-elles lui paraître (Joe reconnaît Norma Desmond), lui restent bien plus extérieures qu'à Betty. Ce cinéma dont il voudrait faire son champ de création n'est-il pas avant tout un héritage trop encombrant, pour ainsi dire hypostasié – une norme infrangible? Toujours est-il que la culture cinéphilique de Joe est presque envahissante. Il s'exprime souvent à coup de références. Outre *Great Expectations*, Joe évoque également *Jeanne d'Arc*, *Donald Duck* ou encore *King Kong*, etc.

Certes, il faut noter que Joe Gillis ne se prive pas de traiter avec quelque ironie l'héritage hollywoodien, y compris celui qu'incarne

Norma Desmond. Ainsi, lors de leur première rencontre, percevant qu'il a affaire à une star aussi orgueilleuse que déchue, il moque ses prétentions : « Je repasserai avec mon carnet d'autographes. Ou avec du ciment pour prendre votre empreinte de pied ». Tout au long du film, il multipliera les saillies grinçantes qui marquent une distance critique par rapport au cinéma et à ses jeux. Mais cela ne remet nullement en cause le piège du *name dropping* auquel il se laisse si souvent aller. Bien au contraire : l'ironie vient ici redoubler la référence et enlise encore plus dans l'infécondité. Joe se moque de ce qui est pourtant une norme pour lui et ainsi s'en remet toujours à la même référence qu'il répète et consacre paradoxalement. Loin de la déplacer ou de la faire fructifier, il la fige encore plus en la redoublant d'une parole qui se constitue immédiatement comme inféconde, dans un embryon de réflexivité qui suspend le mouvement plus qu'elle ne le relance.

Dès lors, l'enlisement de Joe, à de multiples égards et sous des formes diverses, le condamne à n'être qu'un faire-valoir de Norma – et nous abordons ainsi l'autre versant du commerce entre ces deux personnages, celui de la « vitalité » retrouvée de Norma. Nous avons vu une star déchue, oubliée, morte à l'écran en somme, décréter elle-même sans ciller que le cinéma de Joe, le cinéma contemporain de l'action donc, est stérile et même « fini ». Ce que Joe prend à ce moment pour une morgue un peu pathétique relève en fait d'une double perspicacité. Le jugement péremptoire de Norma tient tout simplement au fait qu'elle occupe l'écran. Ici, là, maintenant, à ce moment précis, dans le film de Billy Wilder intitulé *Sunset Boulevard.* C'est elle, la vedette du film. Et pas seulement comme un *rôle* de star déchue dont on raconterait ici l'histoire et les phantasmes de retour à l'écran. Non : la star du muet, la star du passé est présente à l'écran puisque Norma Desmond est jouée par elle-même, en somme. Gloria Swanson interprète en quelque sorte sa propre histoire – star oubliée du muet qui revient brutalement au premier plan grâce au chef-d'œuvre de Wilder. L'attribution de ce rôle à Gloria Swanson n'est donc pas qu'un clin d'œil ou un audacieux coup de casting. Il s'agit du propos même du film, de son enjeu et de son rapport à la création. En attribuant le rôle de Norma Desmond à celle qui fut l'une des actrices fétiches de Cecil B. DeMille et tourna aussi dans l'un des films maudits de Erich von Stroheim, Wilder ne raconte pas seulement l'histoire d'un désir délirant de retour à l'écran, il ne montre pas seulement l'espoir fou d'une actrice vieillissante – il réalise ce retour, il transforme l'espoir en réalité. Norma Desmond a déjà réussi son retour grâce à l'histoire que raconte Wilder parce qu'elle est présente à l'image par l'incarnation de Gloria Swanson.

Bien sûr, *Sunset Boulevard* est aussi, au niveau le plus immédiatement narratif, à un premier degré de lecture en somme, l'histoire du délire d'une femme qui espère revenir sur les plateaux de la Paramount. Il faut donc prendre au sérieux le choix de faire interpréter leur propre rôle par des acteurs oubliés – ou des rôles qui sont en tout cas quasiment les leurs. Il y a Gloria Swanson, bien sûr, mais il y a aussi ceux que Joe qualifie de « figures de cire » et qui viennent jouer aux cartes avec Norma. Il s'agit de Buster Keaton, acteur et réalisateur essentiellement burlesque qui, certes, ne cesse de tourner jusqu'à sa mort, mais dont l'heure de gloire est depuis longtemps passée en 1950 et remonte évidemment à l'époque du muet. Nous reconnaissons encore Anna Q. Nilsson qui joua dans les films muets de Raoul Walsh, Allan Dwann ou encore Cecil B. DeMille, avant de connaître une éclipse totale de vingt ans dès que le parlant s'imposa. Enfin, H.B. Warner participe aussi à la partie de cartes, lui qui tourna encore à l'époque du parlant mais qui restait clairement marqué par ses interprétations de l'époque du muet. Ces trois acteurs font retour à l'écran en même temps que Gloria Swanson. Jouant leur propre rôle, ne doit-on pas penser qu'en quelque sorte ils phagocytent la contemporanéité du film de Wilder en 1950? Ne nous précipitons pas. La réponse attendra que nous voyions clair sur une dernière figure du muet rappelée à l'écran : Erich von Stroheim.

Stroheim joue ici le domestique et homme à tout faire de Norma Desmond, affublé du prénom Max. Il a tout sacrifié à Norma, y compris sa carrière de réalisateur et sa dignité. Jadis, Max a découvert la jeune Norma Desmond, lui a donné ses premiers rôles à l'écran et fut aussi le premier de ses nombreux maris. Il veille désormais sur elle, lui permet de vivre dans l'illusion que le public ne l'a pas oubliée, organise la maisonnée comme les sorties en voiture, et enfin surveille et encadre le gigolo que devient petit à petit Joe Gillis auprès de Norma. Il y a bien sûr quelque cruauté de la part de Wilder à avoir confié un tel rôle de réalisateur déchu à un Erich von Stroheim qui fut un réalisateur hors normes, *bigger than life*, à l'époque du muet – l'un des plus grands, sans aucun doute –, mais qui fut ensuite empêché de poursuivre sa propre voie créatrice par des studios échaudés par les dépassements de budget et les prétentions artistiques du réalisateur. Le véritable dernier film pour lequel il obtint un financement digne de ce nom – du moins dans un premier temps – fut *Queen Kelly*, tourné fin 1928, début 1929, c'est-à-dire alors même que le parlant était sur le point de s'imposer. La réalisation échappa en fin de compte à von Stroheim et *Queen Kelly* devint un film maudit – non distribué aux États-Unis, remonté, saccagé. Le plus grand échec, sans nul doute, de ce réalisateur aussi génial qu'il se voulait tout-puissant. Or, la vedette féminine de ce film n'était autre que Gloria Swanson, qui vécut aussi sur ce tournage quasiment ses dernières heures de vedette du muet. Le « couple » von Stroheim-Swanson, réuni dans l'échec de *Queen Kelly*, incarne donc la disparition douloureuse d'une époque exaltante de l'histoire du cinéma. Et c'est bien ce couple – ce moment, cette création empêchée – qui fait retour dans *Sunset Boulevard*.

Arrêtons-nous à la figure de Max. Un simple factotum, en somme, réduit à satisfaire les caprices de sa maîtresse, au prix de sa dignité. Mais aussi celui grâce à qui l'existence et la raison de Norma Desmond – la fin du film nous en convainc – sont préservées. C'est que la puissance de Max s'étend bien au-delà de celle d'un simple homme-à-tout-faire dont on ne peut se passer. Il tire les ficelles dans tout ce qui se trame dans la luxueuse demeure. Il maintient Norma Desmond en vie, en évitant parfois de justesse le suicide de « sa » star grâce aux fausses lettres d'admirateurs; il organise les visites des « figures de cire » déjà mentionnées; il indique la voie à suivre à Joe Gillis, lui conseille tel comportement, le dirige littéralement dans le décor de la demeure sur laquelle Max exerce un pouvoir de fait. Il conduit aussi Norma au studio de la Paramount où tourne Cecil B. DeMille. Remarquons au passage que lui, au contraire de Norma, n'est jamais reconnu, ni par Joe Gillis, ni par les « anciens » (techniciens etc.) qui travaillent sur le plateau de *Samson et Dalila*. Comme s'il était en retrait, comme si, tout en ayant participé jadis à la gloire du muet et à présent au « retour » de Norma, il ne faisait pas partie de l'image elle-même. N'est-ce pas là ce qui caractérise le statut même du réalisateur? Tout comme Norma/Gloria Swanson fait retour et s'impose à l'image présente par la vertu de l'intrigue de *Sunset Boulevard*, Max/Erich von Stroheim fait retour et s'empare de la mise en scène.

On pourra m'opposer que von Stroheim ne fait que jouer un rôle – comme l'acteur qu'il était essentiellement devenu à l'époque – dans le film du seul réalisateur qui vaille ici, à savoir Billy Wilder. Mais précisément, il faut comprendre que Wilder met en scène une image où le mort s'empare du vif, où le passé redevient univoquement présent. Et c'est bien ce que nous montre la dernière séquence du film. Joe Gillis a été abattu par Norma, dont la raison s'est cette fois bel et bien effondrée. La meurtrière, réfugiée dans sa chambre, devant sa coiffeuse, ne comprend ni même n'écoute ce que lui demande la police qui tente de la faire descendre et sortir de la maison sans coercition. La voici pourtant qui entend parler de caméras – il s'agit des caméras de télévision, venues enregistrer la déchéance de la star. Max prend alors les choses en main. Pour aider la police? Ou pour accomplir son propre destin? En tous les cas, il dirige la scène qui suit tel un metteur en scène maître du lieu, de son équipe et de sa star. Au bas du grand escalier, il commande les éclairages, s'assure que tout est en place et se positionne entre deux caméras. Puis, alors que Norma apparaît en haut de l'escalier, il commande : « moteur! ». Le dispositif s'en trouve d'ailleurs transformé – l'équipe de télévision qui veut saisir l'actualité sur le vif se transforme en équipe de cinéma qui compose l'image, notamment par le biais des éclairages [1].

1. De ce point de vue, je prends quelque distance par rapport à l'analyse d'Emmanuel Burdeau. De manière très suggestive, Burdeau voit dans cette dernière séquence (comme dans d'autres films de Wilder, tel que *Ace in the Hole*, par exemple) une manière d'acter

Nous voyons sous nos yeux Max/Erich von Stroheim redevenir réalisateur et même se substituer aux réalisateurs du présent. De manière explicite, il se substitue à ce réalisateur du muet qui est encore en fonction à l'époque du parlant, Cecil B. DeMille[1]. Norma Desmond, dans son délire, croit qu'elle tourne une scène pour DeMille. Mais il n'est pas là et c'est bel et bien Max qui fait descendre l'escalier à la star et qui commande la mise en scène et la prise. Ensuite, n'est-ce pas de la position même de Wilder que s'empare le personnage de Max – qui n'est dès lors plus seulement un personnage, mais le faiseur même du drame et de l'image qui nous sont donnés à voir? La caméra de Max/

le passage, et même l'effacement, du cinéma au profit de nouveaux medias : « Or [la caméra] n'est pas, comme Norma le croit, une caméra de cinéma. C'est une caméra de télévision. Et les hommes au bas de l'escalier n'appartiennent pas à l'équipe de Cecil B. DeMille. Ce ne sont pas des assistants ou des figurants, mais des policiers, des journalistes, des échotiers. Entre la mort de Gillis et la fin de *Sunset Boulevard*, un passage de relais a donc lieu. Mieux encore : un changement de propriétaire. C'est la presse qui a le dernier mot. Gillis a été réduit au silence : ce coup-ci, il est bien mort. Dans le même mouvement, ce film deux fois au passé, parce que narré en flash-back et tourné vers le passé du cinéma, devient in extremis un film au présent. Mieux : il devient un film tourné vers l'avenir des techniques et des manières de filmer et de raconter » (E. Burdeau, *Gravité. Sur Billy Wilder, op. cit.*, p. 130-131). Cette interprétation a l'avantage indéniable de pointer un réel enjeu de l'œuvre de Wilder en sa quasi-globalité, mais elle a selon moi l'inconvénient d'effacer la manière dont l'art cinématographique du passé s'empare ici du présent en modifiant la nature même du dispositif de filmage visible à l'écran – le cinéma en principe révolu est sans doute d'autant plus présent qu'il s'empare et transforme le media le plus actuel. Dans la stratégie de ma propre analyse, je choisis donc de porter toute mon attention sur la singularité de *Sunset Boulevard* en même temps que je situe celle-ci, plus largement, dans un enjeu thématique et formel qui dépasse la filmographie de Billy Wilder.

1. On pourrait d'ailleurs souligner que DeMille représente sans doute lui-même un présent exsangue et qui s'offre au retour du passé, comme l'a bien souligné Michel Ciment en analysant précisément *Sunset Boulevard* : « [...] le commentaire se fait ironique lorsqu'il fait dire à Cecil B. DeMille : "les films ont pas mal changé" tout en nous montrant les bottes légendaires que le metteur en scène n'a cessé de porter depuis ses débuts à Hollywood et le tournage d'un film biblique, *Samson and Delilah*, dans la plus pure tradition du grand spectacle, qui remonte à l'époque du muet. DeMille était devenu en fait le spécialiste du remake, un symbole du non-changement et d'une Hollywood qui satisfait les goûts les plus naïfs du public américain » (M. Ciment, *Les conquérants d'un nouveau monde. Essais sur le cinéma hollywoodien*, Paris, Gallimard, 1981, p. 189).

Erich von Stroheim pour laquelle joue Norma se confond avec la caméra de Wilder, y compris quand Norma, dans un regard-caméra, évoque son amour du cinéma et de ce public qui est là, plongé dans le noir – c'est-à-dire nous-mêmes. Mais aussi et surtout, dans le dernier plan. Norma se dit prête pour son *close up*. Elle avance alors vers la caméra – celle de Wilder qui est celle de von Stroheim et réciproquement. Au point que l'image devient totalement floue et disparaît, se fond littéralement en elle-même. Comment ne pas comprendre ici que Wilder nous montre son art présent saisi par l'art du glorieux ancien (von Stroheim, qu'il admirait) et ne s'accomplissant et se détruisant que dans cette prise qui paraît empêcher tout lendemain, toute projection? Comme le souligne à juste titre Michel Ciment, Max dirige Norma Desmond dans un plan qui est lui-même une répétition : « Norma descend l'escalier sous les ordres de Max von Mayerling, répétant la scène jouée vingt ans auparavant lorsque Erich von Stroheim dirigeait Gloria Swanson dans la scène de l'escalier de *Queen Kelly* »[1]. Cette *Queen Kelly* est précisément le film que Norma a fait projeter dans son salon pour Joe. Ainsi, c'est bien le passé jadis révolu qui s'accomplit enfin en envahissant *à présent* l'image au point d'effacer tout écart qui pourrait être maintenu entre von Stroheim et Wilder.

Bien évidemment, cette saisie du vif par le mort est tout autant au principe même du personnage de Norma Desmond. Certes, elle peut apparaître bien faible, naïve, pathétique, mélodramatique même, y compris dans ses velléités suicidaires. Elle vit dans un musée à sa propre gloire, entourée d'images figées d'elle-même, que ce soit des portraits photographiques qui envahissent son intérieur ou son reflet qu'elle saisit subrepticement dans un de ses miroirs et devant lequel elle se fige. Bien sûr, elle peut nous paraître ridicule dans ses aigreurs vis-à-vis du cinéma parlant, presque embarrassante lorsqu'elle se fait séductrice à l'égard de Joe, oubliant leur différence d'âge. Mais précisément, il faut comprendre cet oubli de la différence d'âge comme une indifférence

1. M. Ciment, *Les conquérants d'un nouveau monde. Essais sur le cinéma hollywoodien*, *op. cit.*, p. 186.

totale à celle-ci. Norma ne l'évoque jamais, pas même lorsqu'elle est confrontée aux évasions nocturnes de Joe Gillis qui préfère écrire avec la jeune Betty.

Dira-t-on que le délire de Norma va jusqu'à ignorer qu'elle est une *has been?* Non, certainement pas. Si elle récuse le terme de *come-back*, comme je l'ai déjà souligné, elle est bien consciente qu'il lui faut un *return*. Il serait donc absurde de conclure à l'inconscience de Norma. La donne est en fait bien plus riche. Norma incarne la puissance présente de ce passé, au point que le passé s'empare de la présence. L'une des séquences qui le montre de la manière la plus directe est justement celle du visionnage de *Queen Kelly* dans son salon, aux côtés de Joe. Dans son commentaire en voix *off*, Joe conclut, sans doute précipitamment, que Norma a peur de l'extérieur, qui pourrait lui rappeler que le temps a fui et que le passé est bel et bien révolu. Nous les verrons pourtant sortir ensemble à plusieurs occasions. Joe se trompe. Norma n'a pas peur que le passé se révèle comme révolu, car elle le sait puissamment présent, bien au contraire. Ce qui frappe, en effet, et tout particulièrement dans cette séquence, c'est la puissance de Norma, sa capacité à poser son emprise sur le présent. Chaque plan est ici décisif. Ainsi celui qui cadre Joe et Norma côte-à-côte sur le divan d'où ils assistent à la projection de *Queen Kelly*. Joe, en voix off, commente sobrement : « Parfois pendant le film, elle m'agrippait la main ou le bras, oubliant que j'étais son employé, réduite à une simple admiratrice, emportée par le jeu de l'actrice ». À la fois, Joe banalise le geste de Norma et il l'interprète mal. Il faut observer d'abord que la main de Norma sur le bras de Joe occupe pour ainsi dire le centre de l'image – le plan est tout entier construit sur ce geste qui en est l'enjeu même. Ensuite, si l'on peut bien parler d'agripper un bras ou une main (« *she'd clutch my arm or my hand* »), ce geste n'exprime pas simplement la tension d'un spectateur lambda. Les doigts de Norma enserrent littéralement l'avant-bras de Joe comme une griffe qui est prête à entrer dans la chair. Cette main crochue aiguise sa prise depuis le moment où Joe, le jour même de son arrivée dans la maison, a entamé la lecture de l'ébauche de scénario de Norma Desmond. À ce moment un bureau les sépare encore, et c'est sur sa propre épaule que la star déchue vient poser ses doigts en crochets menaçants, dans un geste trop incongru que pour n'être pas sursignifiant. Les mains de Norma sont prêtes à vampiriser ce présent qui vient de faire effraction dans son monde décadent. Dès lors, il faut interpréter le geste devant la projection de *Queen Kelly* comme la matérialisation de l'emprise de son passé sur le présent. Joe n'a rien vu venir, mais c'est ici une main qui vampirise. Plus que jamais, le mort saisit le vif.

Norma est donc loin d'être une simple fan de sa propre image, naïve au point d'en être passivement victime, et son existence n'est certes pas celle d'une femme qui se lamente sur la fuite du temps. Tout à l'opposé, Norma se dresse dans le présent. Et cela littéralement. Bien sûr, les films qu'elle regarde avec Joe sont ceux dans lesquels la star joue elle-même et, usant de cadres dans le cadre, Wilder nous montre l'image d'une Norma qui se confond aussi bien avec le personnage de Kitty Kelly qu'avec Gloria Swanson. Norma est Kitty Kelly qui est Gloria. Mais, du moins dans un premier temps, une différence est maintenue par le surcadrage entre l'action de *Sunset Boulevard* et l'image extraite de *Queen Kelly*. On perçoit les entours de l'écran sur lequel est projetée l'image – et l'on a donc encore affaire à une image dans l'image qui ménage l'écart entre le passé et le présent. Mais voici donc que Norma se dresse. Emportée par sa colère à l'égard des producteurs qui ne savent plus reconnaître les vertus et la force d'un simple visage muet à l'écran, elle s'arrache au divan et se tient debout, dans une attitude de défi, regardant encore l'image (hors-champ) de *Queen Kelly*, mais occupant le centre de celle de *Sunset Boulevard.* On situe ce corps presque matamoresque entre le projecteur et l'écran. Ainsi, il est éclairé par la lumière même de la projection, tandis que le corps de Joe disparaît dans la pénombre. Dans une gestuelle emphatique, Norma tourne lentement la tête en fermant les yeux, dirigeant son visage non plus vers l'écran, mais vers la source lumineuse. On ne voit plus qu'elle qui s'offre à la lumière.

Ainsi, la lumière qui projetait l'image déjà tournée, l'image du passé, se transforme en une lumière qui éclaire l'image présente, celle de ce corps et de ce visage qui se donnent à voir dans une attitude de défi. La main vieillie qui agrippait le jeune scénariste préparait ce moment où l'actrice est en même temps celle qui a tourné et dont on projette l'image et celle qui joue – les deux sous une unique lumière dont la nature et la fonction se sont transformées. Le film a changé. L'image cinématographique passée a étendu son emprise sur l'image cinématographique présente. Le corps de l'actrice est alors ce lieu où, contre toute attente, le passé envahit le présent comme si l'immédiateté du corps à l'image effaçait toute différence entre le passé et le présent. *Queen Kelly* a-t-il vampirisé *Sunset Boulevard?* On est en droit de le penser, comme si se jouait dès ici le dénouement dans lequel Erich von Stroheim s'empare de la direction d'acteur. Après tout, dès le début de cette séquence, nous voyons – et la voix off de Joe Gillis le confirme – que c'est Max qui joue le rôle de projectionniste. Une fois que la lumière du projecteur devient éclairage de la star, il participe lui aussi à cette prégnance du passé dans le présent. Il met déjà en scène alors même qu'il projette.

C'est ainsi que l'interprétation que Stanley Cavell propose de *Sunset Boulevard*, et notamment de cette séquence fameuse, me paraît largement erronée, précisément parce qu'elle ne voit pas le redoublement du présent par le passé. Cavell veut voir dans le film de Wilder une mise en scène de l'écart temporel que creuse l'image d'un corps et d'un visage familiers et étranges à la fois, que l'on reconnaît pour avoir été jeunes : « L'apparition de Buster Keaton dans *Boulevard du crépuscule* est chronologiquement l'un des premiers exemples qui vienne à l'esprit; Andy Devine dans *L'homme qui tua Liberty Valance* en est un autre; Bette Davis aussi dans *La Star*. Ces films sont appropriés pour véhiculer cet effet de vieillissement, parce que leur sujet est le retour, qu'il s'agisse de revenir au sommet ou de repartir du début; l'idée est de nous faire souvenir que les stars de ces films étaient là, ou quelque part dans le même territoire, quand elles étaient jeunes et que nous l'étions aussi. Aux yeux de nombreux spectateurs de *Boulevard du crépuscule*, initialement Buster Keaton et Erich von Stroheim portent davantage la responsabilité de cet effet que Gloria Swanson, que beaucoup n'auront pas vue jeune. Mais quand nous la regardons en train de regarder les films où elle jouait jeune, la juxtaposition des phases successives de son apparence inscrit en nous ce savoir, celui du vieillissement du cinéma et le nôtre, à chaque image »[1].

Passons sur cette insinuation pour le moins étrange selon laquelle plus de personnes seraient censées avoir vu Erich von Stroheim jeune que Gloria Swanson jeune, dont on se demande bien sur quoi elle se fonde – s'il est vrai que le jeune von Stroheim a « fait l'acteur » dès 1915, il n'obtient des rôles marquants qu'à partir de *La grande illusion* de Renoir, en 1935, alors qu'il est déjà âgé de 50 ans. Et si son visage en tant que réalisateur n'était pas inconnu à son époque, il était pourtant par définition moins exposé que celui de Gloria Swanson. Mais il me semble surtout révélateur que Cavell, pour soutenir son interprétation, doive avant tout se fonder sur le rôle de Buster Keaton, qui se résume à un caméo – et qu'il ne peut évoquer Gloria Swanson que, pour ainsi dire, subsidiairement. De lors, je me permettrais d'affirmer que cette interprétation ne tient pas pour *Sunset Boulevard* et que la direction du rôle central de Gloria Swanson emprunte une voie justement tout à fait opposée à celle que Cavell voudrait tracer ici. On remarquera d'ailleurs que « la juxtaposition des phases successives de [l']apparence » de Gloria Swanson « quand nous la regardons en train de regarder les films où elle jouait jeune » est loin d'être soulignée par la mise en scène de Wilder. J'aurais plutôt tendance à dire que, même si elle est chronologiquement indéniable, cette juxtaposition tend à s'effacer à l'image – ce qui est favorisé par le fait que seulement vingt années séparent *Queen Kelly* de *Sunset Boulevard*. Le film de Wilder ne nous montre pas l'écart entre le passé et le présent dans la reconnaissance d'une image familière qui aurait en même temps vieilli. Il nous montre

1. S. Cavell, *La projection du monde. Réflexions sur l'ontologie du cinéma*, trad. fr. de Chr. Fournier, Paris, Vrin, 2019, p. 127-128.

tout à l'opposé la réduction, quelque peu effrayante sans doute, de cet écart par la préemption du présent par le passé. C'est que l'effraction d'un mausolée n'est pas sans conséquence.

Une autre séquence en atteste, même si elle peut apparaître dans un premier temps assez anecdotique. Joe Gillis a-t-il l'air de s'ennuyer? La star Norma Desmond sort alors littéralement de l'image cinématographique projetée – *Queen Kelly* – pour rejouer « en direct » d'anciens numéros qui firent son succès. Ainsi elle réinterprète devant Joe une baigneuse qu'elle avait été pour Mark Sennett, avant de singer Charlie Chaplin en le rendant ainsi lui-même présent. C'est Gloria Swanson qui rejoue ses propres rôles ou des variantes de ceux-ci. Michel Ciment note cette « imitation par Swanson elle-même d'une *bathing beauty* de Mark Sennett, ce qu'elle fut à ses débuts dans les années dix, puis de Charlie Chaplin dont dans certains films elle était presque l'égale par ses talents burlesques (*Manhandled, Stage Struck*) »[1]. Mais ces représentations, à nouveau, ne se limitent pas à un aimable divertissement *vintage* pour son amant blasé. Elles convoquent le passé dans le présent de l'image – et s'en emparent. Le plan qui ouvre la séquence est celui de l'ombrelle avec laquelle Norma Desmond/Gloria Swanson joue la baigneuse. L'accessoire tourne à toute allure en gros plan comme un effet visuel qui permet au plan d'exister. Une « ouverture à l'ombrelle », en somme, comme variante d'une ouverture à l'iris. Le plan qui suit est alors déterminé par ce qui se rejoue, à tel point que Joe n'est plus rien d'autre qu'un spectateur immobile devant un spectacle qui recommence. La création a changé de bord et si elle n'est que répétition, elle n'en est pas pour autant une seconde chance : souvenons-nous que Norma ne fait pas de *come-back*, elle fait retour dans un présent dont elle s'empare sans cesser d'être un spectre. Mais un spectre pour lequel il n'y a pas eu de mort. Quelle différence Norma pourrait-elle alors faire entre une première et une seconde chance?

1. M. Ciment, *Les conquérants d'un nouveau monde. Essais sur le cinéma hollywoodien*, *op. cit.*, p. 183.

C'est encore une fois la puissance d'appréhension et même de constitution de l'image par le monde ancien de Norma qui est ici à l'œuvre. C'est pourquoi nous ne devons pas plus nous étonner d'une inversion du propos dans une scène qui fait immanquablement penser à sa variation future dans *Vertigo* (celle-là même dont l'absence était aussi, pour nous, paradoxalement révélatrice dans *Obsession*). Dans le chef-d'œuvre de Hitchcock, Scottie manipule le corps de l'actrice pour tenter sa seconde chance et, après tout, pour laisser aussi à celle-ci l'occasion de faire son *come-back*. Or, dans *Sunset Boulevard*, personne ne prend l'initiative de préparer physiquement Norma Desmond à son retour – lequel est un leurre du point de vue strictement intradiégétique mais nullement du point de vue formel puisque nous avons vu comment, avec Max dirigeant les caméras, elle envahira finalement l'image. Elle se prépare elle-même. Elle est à la manœuvre et s'impose une transformation physique qui devra lui permettre de resplendir, sinon devant les caméras de Cecil B. DeMille, du moins dans le *close up* final. Dès lors, comment s'étonner qu'elle manipule en fin de compte elle-même le corps de Joe Gillis, tel un présent mis en scène par le passé? À la manière d'un Scottie qui choisit les vêtements d'une Judy pour qu'elle redevienne Madeleine, Norma entraîne Joe chez « le meilleur tailleur » pour lui acheter un manteau en poils de chameau et lui faire confectionner costume et smoking. Joe tente de résister, mais en vain, tout comme les résistances de Judy sont inutiles. Joe est une matière corporelle brute que Norma sculpte à sa guise. C'est donc bien Norma Desmond, actrice d'un passé que l'on a imprudemment réveillé, qui manipule celui qui devrait être le créateur au présent – le scénariste Joe Gillis.

Sunset Boulevard institue la rupture historique interne à l'histoire du cinéma hollywoodien entre le muet et le parlant, et le film se nourrit de cette rupture. Mais cette rupture, si elle creuse ainsi un retard, dans l'ordre de la création, du second par rapport au premier, n'ouvre aucune distance dans laquelle la création pourrait trouver un nouvel élan. La répétition n'est pas réinvention, mais retour mortifère du passé et vampirisation du présent. Ce que Billy Wilder met ainsi en scène, jusqu'à se dessaisir de son art au profit de Max von Mayerling/Erich von Stroheim, c'est à tout le moins la menace qui pèse sans cesse sur une création qui ne peut ni ne doit se défaire de son historicité, et ne s'y rapporte ainsi qu'à ses risques et périls. Le retard de la création peut donc aussi se transformer, lorsque le passé redevient présent, en une impossibilité de créer. Ou en une éternelle répétition du même? C'est cette hypothèse que je voudrais à présent explorer, avec Billy Wilder toujours, puisqu'il l'a formulée très explicitement dans une de ses dernières œuvres : *Fedora*.

seconde répétition : « Fedora »

Un train lancé à toute vitesse à l'approche d'une gare. Un personnage féminin au regard halluciné (Marthe Keller) court sur le quai. Elle se jette sous le train. Et voici que l'image se fige, comme en un suspens de l'action cinématographique elle-même. Le film est-il terminé à peine a-t-il commencé? Non, car le présent d'une émission télévisée prend le relais pour annoncer la mort de l'actrice Fedora qui s'est jetée sous un train. Cette fois, s'agirait-il pour de bon d'une relève du cinéma par les nouveaux médias? Je ne le crois pas non plus ici. Cette brève séquence permet en fait au cinéma d'effectuer une boucle sur lui-même et nous y reconduit plus qu'elle ne le dépasse – mais, il est vrai, nous y reconduit dans son épuisement, qu'il s'agit ici d'acter dans la répétition même de *Sunset Boulevard*. Le commentaire de la présentatrice de l'émission télévisée introduit des images qui ne sont pas celles d'un reportage, mais bien la fin de la boucle : ce cinéma d'après la mort où les admirateurs défilent devant la dépouille de la star, exposée dans une chapelle ardente en sa demeure parisienne. Le générique défile alors – le film commence vraiment en se retournant sur lui-même, c'est-à-dire en se retournant sur une morte. À nouveau, le cinéma de Billy Wilder s'inaugure en ouvrant une tombe, en répétant, en reconvoquant un passé qui est cette fois si récent et bien plus profond en même temps.

Le cercueil ouvert trône au milieu d'une salle envahie par les couronnes de fleurs qui sont apportées de manière quasiment continue comme si ce flux morbide ne devait jamais se tarir. Serait-ce le cinéma qu'on salue une dernière fois? En quelque sorte, du moins si l'on comprend bien que le cinéma est tout entier dans cette célébration funèbre. Parmi le public qui vient rendre hommage à la dépouille de Fedora se trouve Barry Detweiler, un réalisateur vieillissant qui tentait de convaincre Fedora, juste avant son suicide, de revenir à l'écran pour tourner sous sa direction une nouvelle adaptation d'*Anna Karénine*. Or, si la star meurt précisément comme Anna Karénine dans le roman de Tolstoï, rien, dans le déroulement narratif, ne peut laisser penser que Fedora a voulu cette similitude. Par contre, sa mort renvoie au niveau formel du faire-œuvre cinématographique : la mort de Fedora est un film, elle est la représentation d'une action, en tant que représentation, bien plus qu'une action en soi. De la même manière, la mise en scène de la chapelle ardente se révèle œuvre cinématographique dans l'œuvre cinématographique qu'est *Fedora*. Non seulement, le réalisateur Detweiler commente – en voix off – cette mise en place dans des termes qui conviendraient à la description d'une avant-première, mais plus encore, au terme d'un premier long flash-back, lorsque nous revenons dans la chapelle ardente, la mise en scène s'interrompt et se révèle ainsi précisément dans son essence de mise en scène. On évacue le plateau (le public, éploré ou recueilli, doit quitter les lieux pendant la pause de midi) et les officiants cessent de jouer leur rôle : le petit orchestre interrompt ses lamentos, les gardes en costume d'apparat renoncent au garde-à-vous et se défont de leurs gants blancs, bientôt des cireuses font leur apparition pour ranimer l'éclat des lieux. Tout cela est du cinéma, un cinéma qui semble investi dans la réussite du dernier hommage qui lui est rendu et peut-être même de ses propres obsèques. Et cela n'en est pas moins du cinéma. Dans la perspective construite par Wilder, je devrais même écrire que c'est par là même du cinéma – *plus que jamais*. Un cinéma qui se met en abîme à mesure qu'il s'enlise et plonge dans les ténèbres.

En écrivant ces lignes, je donne sans doute l'impression de reconnaître en *Fedora* le même enjeu que dans mon analyse de *Sunset Boulevard*. Mais ce n'est là qu'une demi-vérité. À certains égards, le film de 1978 est une reprise de l'œuvre de 1950, *mais sans qu'il n'y ait là aucune déflation de sens*, sans que l'art de Wilder n'en rabatte de quelque manière que ce soit sur sa prétention. La répétition n'est pas ici un défaut de création, elle n'affaiblit pas l'enjeu esthétique, mais tout au contraire, le renforce et même l'intensifie jusqu'à l'incandescence – l'incandescence du même par l'assomption de la répétition.

Je m'explique. Si *Sunset Boulevard* montrait le vif saisi par le mort et l'enlisement de l'image cinématographique, il impliquait ainsi, au-delà de lui-même, la répétition comme une nécessité, une loi contraignante. Le film, en ce sens, ne s'achevait pas mais appelait par sa logique interne à la surenchère de la répétition. Montrer *une fois* la saisie du neuf par le révolu ne suffit pas, car en s'effaçant avec le *The End*, cette démarche ouvre d'autres possibilités, comme si l'horizon se dégageait après une œuvre si sombre. L'effacement pur et simple de *Sunset Boulevard* n'est pas possible. Puisque le dernier regard caméra de Norma Desmond figeait l'image, celle-ci doit non seulement se prolonger dans sa teneur même, mais plus encore *se répéter*, précisément. La répétition de *Sunset Boulevard* dans *Fedora* est exigée, en somme, par *Sunset Boulevard* lui-même. La surenchère est l'accomplissement de la répétition. Comme si l'on ne pouvait décidément passer à autre chose! En ce sens, il est vrai, donc, que l'enjeu de *Fedora* est le même que celui de *Sunset Boulevard*, mais seulement dans la mesure où cette identité se transforme en une surenchère accomplissant le sens.

La surenchère dit donc plus que la répétition prise en son sens élémentaire. Parce qu'elle est répétition de répétition, la surenchère non seulement reprend la répétition première mais la radicalise par la seconde. Ainsi l'on pourrait d'abord noter presque en vrac les éléments, scénaristiques ou visuels, qui sont autant de références mimétiques à *Sunset Boulevard*. William Holden joue à nouveau le rôle masculin principal et le personnage de Barry Detweiler est un aboutissement de Joe Gillis. Devenu producteur et encore scénariste, nous le découvrons, dans l'un des flash-back, jeune assistant sur des tournages prestigieux. Detweiler a commencé au bas de l'échelle comme Gillis. Ces deux personnages incarnent le dur combat qu'il faut mener pour s'imposer dans l'industrie cinématographique hollywoodienne. Dira-t-on que Detweiler a réussi là où Gillis a échoué? Il me semble difficile de voir dans le personnage de Detweiler un parangon de réussite hollywoodienne, du moins à cette époque de sa vie qui correspond au dénouement tragique de l'aventure de Fedora. Il s'agite alors presque désespérément pour parvenir à monter sa nouvelle adaptation d'*Anna Karénine*; il est en fin de carrière ou pour mieux dire : sa carrière est derrière lui et rien ne nous permet d'ailleurs de penser qu'elle fut glorieuse. En somme, Detweiler apparaît plutôt comme un Gillis qui aurait continué à vivre, tout simplement. Le visage ridé et même profondément marqué de Holden nous conduit à penser qu'il a vieilli à la place de son personnage de 1950 et que c'est Gillis lui-même qui, sous un autre nom, fait ainsi retour, comme ressuscité pour un dernier tour devant les caméras, en figure vieillissante d'un éternel retour.

De manière plus anecdotique sans doute, mais en tissant toujours le réseau de répétitions, on retrouvera dans la vieille Rolls de Fedora une variation sur l'Isotta Fraschini de Norma Desmond. On notera aussi que l'actrice, à nouveau, vit recluse dans une demeure ancienne, ici une villa plantée seule sur une petite île, à proximité de Corfoue, l'insularité soulignant topologiquement ce qu'était déjà le retrait de la demeure hollywoodienne de Norma Desmond par rapport à Sunset Boulevard. Les dialogues eux-mêmes se répondent parfois comme en écho. On se souviendra de la phrase prononcée non sans morgue par Norma Desmond : « Je suis grande, ce sont les films qui sont devenus petits! ». En 1978, lorsqu'Henry Fonda remet à Fedora l'Oscar qu'il est venu lui apporter sur son île grecque, il lui dit son espoir de la voir revenir sur les écrans. Fedora répond : « Ils ne font plus de films pour les femmes », à quoi Fonda rétorque, flatteur : « Parce qu'on ne fait plus de femmes comme vous ». Le propos s'est réparti sur deux interlocuteurs, mais le motif est exactement le même que dans *Sunset Boulevard*, et si les traits changent, Fedora est bien une réplique de Norma Desmond.

Enfin, on observera que les séquences de 1950 qui montraient Cecil B. DeMille en train de tourner *Samson et Dalila* trouvent elles aussi leur reprise et variation en 1978. Le réalisateur est cette fois fictif, mais il est aussi « typé » que l'était DeMille : réalisateur vraisemblablement allemand, avec un accent affecté, portant un manteau simplement posé sur les épaules au-dessus de son veston, il affiche une allure de dandy vieillissant, comme en écho à la culotte de cheval et aux bottes de DeMille. L'épisode mythologique (*Leda et le cygne*) a remplacé l'épisode biblique (*Samson et Dalila*), mais il s'agit bien encore d'un motif antique et l'on devine le péplum. Remarquons au passage que ce film dans lequel joue Fedora – et sur le tournage duquel Detweiler rempli le rôle d'un assistant de base – est tourné, apprend-on, en 1947 et apparaît cette fois à la faveur d'un flash-back, tandis que le tournage du film de DeMille se faisait dans la contemporanéité de l'action principale de *Sunset Boulevard.* C'est que le temps des répétitions s'est écoulé et ce qui était jadis présent doit désormais être rappelé. Le flash-back enfonce la répétition dans le passé et confirme sa constance et au-delà même son inflation, son élévation d'exposant en exposant : on répète qu'on répète qu'on répète, etc.

Ainsi donc, les répétitions, réminiscences ou rimes qui s'instaurent de *Sunset Boulevard* à *Fedora* dépassent le même dans la surenchère. La première surenchère réside sans doute dans la forclusion assumée de toute ouverture, de toute différenciation entre les réalisateurs intradiégétiques telle qu'elle pouvait encore être du moins rêvée dans *Sunset Boulevard.* Après tout, si Cecil B. DeMille et surtout von Stroheim (devenu Max) dans les dernières séquences s'emparaient de la caméra de Wilder, ils ne pouvaient pas tout à fait effacer la différence entre leur position interne à la narration et la position extradiégétique de Wilder. Même s'il s'agissait pour Wilder d'abdiquer en fin de compte ses pouvoirs de réalisateur, cette abdication était encore un acte dont il assumait la responsabilité depuis sa position propre. Or, dans *Fedora*, Wilder va beaucoup plus loin dans l'effacement de la différence entre sa position et celle de ses personnages réalisateurs (ou scénaristes et producteurs). Certes, l'allusion peut d'abord sembler légère, mais il faut néanmoins noter ce clin d'œil : aussi bien le réalisateur de *Leda et le cygne* que Barry Detweiler portent un chapeau, tantôt mou, relativement informe, tantôt de paille, plus ferme, mais toujours clair et qui évoque immanquablement celui que Billy Wilder se plaisait à porter à l'époque, y compris sur le tournage même de *Fedora*, comme en atteste de nombreuses photos. On notera également que Henry Fonda, représentant ici de l'Académie des Oscars, porte lui aussi un chapeau de ce type. Le réalisateur dans *Fedora* – comme le producteur, le scénariste, l'incarnation du vieil Hollywood –, c'est Wilder, bien plus explicitement que dans *Sunset Boulevard* où la mise en abîme de son propre personnage était tout au plus suggérée et dépassée par la présence de von Stroheim ou même de DeMille.

C'est que – et voici qui justifiera avec plus de force mon souhait d'identifier ici Wilder notamment à Detweiler – une nouvelle rupture traverse l'histoire du cinéma, et elle concerne directement Wilder autant que Detweiler. Ce dernier éprouve les pires difficultés à poursuivre sa carrière parce qu'une nouvelle génération a émergé, avec de nouvelles méthodes. Confronté à l'impossibilité de faire tourner Fedora, il éclate : « C'est un business tout à fait différent, maintenant! Les jeunes barbus ont la cote! Ils n'ont pas besoin de scénario et tournent avec des caméras légères! ». C'est bien le monde de Wilder lui-même qui est en train de disparaître sous les coups du « New Hollywood » et de ces jeunes réalisateurs barbus que sont Scorsese, Coppola, Spielberg, Lucas. Si *Sunset Boulevard* décrivait un monde disparu à partir du point de vue d'un Wilder qui faisait partie du monde nouveau, Wilder est désormais inscrit dans le monde qui disparaît. C'est de *sa* disparition qu'il est question ici, et la saisie du vif par le mort, décidément, ne laisse plus le moindre espace de création nouvelle.

Or, cette forclusion tient à une surenchère sur l'enlisement du temps. Autour du cercueil de Fedora, Detweiler échange avec le comte et la comtesse Solbryanski, ainsi qu'avec le docteur Vando. Celui-ci adresse à la vieille comtesse, clouée dans sa chaise roulante, ce reproche : « Arrêter le processus du temps n'était pas assez pour vous. Vous vouliez l'inverser ». Telle est la formule de la surenchère de *Fedora* par rapport à *Sunset Boulevard.* Mais pourquoi est-ce Vando qui la prononce, en s'adressant à cette vieille femme acariâtre? C'est qu'il y eut, dans le temps d'une vie, deux Fedora…

Je n'entre pas ici dans le détail de la construction narrative de *Fedora*, riche et complexe. Je n'en souligne que les strates essentielles pour mon propos. Le film s'ouvre sur le suicide de Fedora, bientôt suivi par la séquence de l'hommage à la défunte gisant dans son cercueil ouvert. Detweiler figure au nombre des visiteurs. Comme perdu dans la contemplation du corps, il se remémore ses tentatives, dans les semaines qui ont précédé, pour approcher l'actrice retirée du monde et la convaincre de tourner pour lui. Premier flash-back. Ses premières tentatives s'étant soldées par autant d'échecs, il se résout à écrire à Fedora en lui rappelant leur brève liaison, lorsqu'il était jeune assistant sur le tournage de *Leda et le cygne* – très brève : tout au plus une nuit d'amour sur une plage californienne, qui est évoquée par un second flash-back dans le premier. La lettre écrite, nous revenons dans le premier flash-back, qui reprend son cours. Detweiler est reçu dans la villa sur l'île, il rencontre Fedora, mais aussi le professeur Vando et la comtesse. Ceux-ci récusent le scénario du producteur et affirment que Fedora n'est pas capable de revenir à l'écran. Elle apparaît d'ailleurs psychologiquement instable et Detweiller ne sait plus que penser, ni de son état psychologique, ni de l'influence qu'exerce sur elle cet entourage qui paraît pour ainsi dire retenir la star prisonnière. Le soir même, pourtant, Fedora se glisse dans la chambre d'hôtel de Detweiler avant que Vando vienne la chercher et la reconduise de force à la villa. Le lendemain, Detweiler découvre la villa abandonnée. Il y est agressé par un des hommes de main de la comtesse, resté sur les lieux. Lorsqu'il reprend connaissance, il apprend le suicide de Fedora dans une petite gare, à proximité de Paris. Fin du flash-back initial – nous retrouvons les personnages dans la chapelle ardente, autour du cercueil de la star. La comtesse Sobryanski se découvre alors comme étant la vraie Fedora. Mais qui est alors la femme gisant dans le cercueil et que Detweiler a effectivement rencontrée sur l'île grecque?

Commence alors le troisième flash-back, cette fois suscité par la narration de la véritable Fedora, vieille et défigurée. Vando lui demande à quoi bon réveiller encore de vieux fantômes – nouvelle plongée dans le passé autour d'une morte. Fedora se soumettait périodiquement à un traitement de chirurgie esthétique mené par le Docteur Vando, jusqu'au jour où une intervention tourne mal et laisse Fedora défigurée. Elle se retire alors brutalement des écrans sans que personne ne soit informé de l'accident. Retour autour du cercueil. Detweiller ne comprend toujours pas qui était la femme rencontrée près de Corfou. Débute un quatrième flash-back, à nouveau introduit par la narration de la vraie Fedora qui présente à l'image sa fille Antonia encore enfant – ce flash-back remontant plus loin dans le temps, au-delà de l'accident qui a laissé la narratrice défigurée. Après un nouveau retour dans la chapelle ardente, un cinquième flash-back montre ensuite Antonia jouant le rôle de sa mère pour la remise de l'Oscar d'honneur par Henry Fonda. Le subterfuge fonctionne si bien en cette occasion que naît le projet de faire tourner Antonia en la faisant passer pour sa mère, laquelle réalise donc ainsi son *come-back* par personne interposée. Certes, Antonia doit paraître plus vieille qu'elle ne l'est effectivement, mais le docteur Vando s'emploie à rendre la substitution crédible, comme le révèle un sixième flash-back. Il n'y a que les mains dont il ne parvient pas à vieillir l'apparence, et Antonia devra porter des gants dont elle ne se séparera jamais en public.

Plusieurs flash-back sont alors entrecoupés de retours auprès du cercueil, d'où se raconte l'histoire. Sur un tournage, Antonia tombe amoureuse du comédien Michael York. Un amour pourtant impossible, car Antonia ne peut révéler à celui-ci son âge véritable – jouant le rôle de Fedora, elle ne peut être prise par celui-ci que pour une star aux traits encore jeunes, mais qu'il avait admirée dans ses films alors que lui-même n'était encore qu'un jeune garçon. L'impossibilité de vivre cet amour rend folle Antonia, qui se drogue et n'est plus capable de jouer le rôle de sa mère. « Fedora » se retire donc à nouveau des écrans. C'est alors que Detweiler a voulu la retrouver, ignorant que celle qu'il prend pour Fedora est en fait sa fille.

L'extrême complexité de la construction narrative multiplie donc les plongées dans le passé, à tel point que cette accumulation de flash-back, la répétition presque compulsive des remémorations instituent la plongée dans le passé comme la matière même du film – plus encore que son enjeu ou son motif. Le présent de la narration est obnubilé par la remontée dans le temps, comme si, tout à la fois, il s'y dissolvait et s'y accomplissait. Ainsi, lorsque Detweiler comprend enfin qui est la comtesse Sobryanski, il interroge, inquiet : « Vous êtes Fedora? », à quoi celle-ci répond : « J'étais Fedora ». Et pourtant, elle est là, devant lui. Le présent de l'action, d'où partent les flash-back, est lui-même un passé, un révolu. Je tiens à saisir cette réponse de la vraie Fedora dans toute la densité de sa signification. Sobryanski/Fedora est celle qui exerce la puissance tout au long du film. Et cela même lorsqu'il est question de son renoncement et de sa plus extrême faiblesse. C'est elle, en effet, qui décide de dévoiler la vérité à Detweiler, même si cela implique de lui expliquer aussi sa propre déchéance. Et lorsqu'elle évoque l'épisode dans la clinique qui la laisse défigurée, elle feint de demander à Vando de le raconter avant de poursuivre elle-même et d'en révéler, à travers ce nouveau flash-back, tous les tenants et aboutissants. C'est donc depuis son « après », depuis une existence déjà révolue qu'elle se révèle en maîtresse du présent et du passé. Le présent de la narration, depuis lequel s'institue l'image, est tout entier dans ce retard, ce trop tard venu, car c'en est déjà fini de Fedora et de son cinéma. Et même faut-il dire : des deux Fedora, puisque la répétition appartient à la logique même de cet enlisement.

Comme dans *Sunset Boulevard*, comme dans *Vertigo* – ces films qui, chacun à leur manière, travaillent la constitution du corps à l'image, pour l'image –, on maquille, on transforme dans *Fedora*, mais plus que jamais, cet effort est marqué par le retard et même le crépusculaire. Dans *Vertigo*, l'obsession de Scottie n'est que l'ombre de la performance de Elster. Dans *Sunset Boulevard*, Norma Desmond répète les gestes qu'elle a faits jadis, mais cette fois pour un film qui ne sera pas tourné – ou du moins pour un film qui ne sera pas celui attendu par les spectateurs de *Sunset Boulevard* : non pas *Salomé* dans une mise en scène de DeMille, mais le dernier plan de *Sunset Boulevard* dirigé par Erich von Stroheim. Or, dans *Fedora*, comme de bien entendu, la scène de manipulation se répète.

La première manipulation correspond aux visites régulières de Fedora dans la clinique du Docteur Vando. Même si les interventions de celui-ci ne nous sont pas décrites à l'image, nous comprenons que le travail a été sans cesse repris et visait, comme le dit Vando lui-même, à inverser le temps. Le faire-œuvre engagé sur le visage de Fedora pour la construire toujours à nouveau dans son rôle de star nous est montré matériellement dans son aboutissement le plus déformant – là où le faire se matérialise sans doute de la manière la plus brutale. En quelque sorte, Fedora est ici dans le prolongement immédiat des efforts fournis par Norma Desmond pour être encore et à nouveau elle-même.

Or le film de 1978 marque sa spécificité en redoublant donc la scène canonique de manipulation. Antonia remplacera sa mère, mais comme le précise celle-ci : « Certes, il y avait beaucoup à faire. Elle devait me ressembler, mais surtout paraître plus âgée qu'elle n'était ». Antonia revoit tous les films de Fedora et apprend ses gestes, ses intonations. Mais ce sont surtout les manipulations du visage qui nous sont montrées à l'écran. Les traits portés sur un moulage du visage suggèrent qu'il s'est bien agi de remodeler celui-ci, sans doute au niveau des pommettes, des cernes, du front. Des lentilles modifient par ailleurs la couleur des yeux, de fausses dents sont posées, la teinte des cheveux passe du blond au noir de jais etc. La transformation du visage d'Antonia est l'élévation à la puissance supérieure des manipulations esthétiques du visage de sa mère jusqu'à l'accident. Fedora cherchait à bloquer l'altération naturelle de son apparence. La construction de l'image de sa fille, pour qu'elle lui ressemble tout en se vieillissant elle-même, est une inversion du cours du temps. D'abord au sens où la temporalité engagée par cette manipulation est une inversion de la pratique de Fedora : alors que celle-ci cherchait à ce que son visage ne vieillisse pas, il s'agit bien cette fois d'accélérer le vieillissement de celui d'Antonia, c'est-à-dire de faire en sorte que son visage soit déjà ce qu'il n'est pas encore. C'est au fond mettre en place des conditions dans lesquels le devenir d'Antonia s'accomplit depuis sa vieillesse, ou du moins depuis un âge plus avancé. Ensuite, au sens où l'apparence de la nouvelle Fedora est un rajeunissement, un retour en deçà de l'accident qui a défiguré sa mère. Cette manipulation du corps est évidemment une manipulation du temps qui conduit à un paradoxe : ce qui résiste à cette manipulation (l'apparence des mains) doit être caché non pas pour voiler la vieillesse mais bien pour dérober la jeunesse aux regards.

Cette complète altération et même inversion de toutes les instances temporelles dépend en fin de compte de la génération inversée : Antonia, devenant Fedora, permet à sa mère de vivre à nouveau à l'écran. L'image de la star qui apparaît derechef consacre ainsi le retour de Fedora, comme le proclame encore fièrement la mère à côté du cercueil de sa fille. C'est bien d'une répétition qu'il s'agit et donc par définition d'une apparition « dans l'après ». Mais cette répétition va de pair avec l'engendrement de la mère par la fille – littéralement, Antonia donne la vie à sa mère. La répétition retourne désormais le temps et disqualifie par là-même tout horizon temporel. La répétition ne se tourne pas seulement vers le passé, elle s'y engouffre et s'y perd. L'enlisement que dessinait *Sunset Boulevard* s'enfonce dans les sables mouvants de cette génération inversée.

Dans *Vertigo*, l'espoir s'entretenait un instant de ramener le passé au présent, réduisant la différence entre l'acte de création et son origine. Mais que ce fût un leurre ne pouvait s'éprouver précisément que dans cet acte de création et dans son accomplissement certes mélancolique. Ici, en radicalisant le propos de *Sunset Boulevard*, Wilder nous montre le collapse de tout espoir et de tout horizon créateur. Dans un premier temps, Antonia accepte de bonne grâce, et même en se prenant au jeu, de réengendrer sa propre mère. Elle joue et se plaît à jouer, comme le dira la vraie Fedora à Detweiler. Elle accepte la répétition dans son jeu même. Et lorsque Detweiller découvre les centaines de paires de gants blancs dans une commode de la chambre d'Antonia, il nous révèle en même temps combien la répétition de cette existence est une cadence obsessionnelle : toujours, il faut répéter cet acte qui consiste à cacher sa jeunesse en ce point de résistance à l'inversion de la temporalité des corps. Il découvre des carnets où Antonia recopie de ligne en ligne, de page en page, cette unique phrase : « *I am Fedora* ». L'identité construite ne se soutient que de se répéter à tout moment. Or, c'est précisément l'impossibilité d'échapper à la sempiternelle répétition du même qui fait basculer Antonia du jeu au drame.

Lorsqu'elle tombe amoureuse de Michael York – dans son propre rôle, car l'identité de l'acteur s'oppose ici à l'image répétée, redoublée de Fedora –, elle tente de se projeter. À Miss Balfour, l'assistante de sa mère qui la chaperonne désormais sur les tournages, elle confesse qu'elle a hâte de voir la réaction de l'acteur lorsqu'il saura qu'elle est en fait plus jeune que lui. Évidemment, l'interdit résonne aussitôt, qui bloque l'horizon amoureux d'Antonia. Miss Balfour oppose à la jeune inconsciente qu'il ne pourra jamais savoir. Elle devra jouer le rôle de sa mère, et non pas seulement jusqu'à la mort de celle-ci, mais bel et bien jusqu'à la mort de la star Fedora – c'est-à-dire la mort d'Antonia elle-même. Évoquant tout à la fois Fedora et Antonia, Emmanuel Burdeau note : « La jeunesse, ici, est perdue au sens où elle est passée et qu'on ne la retrouvera pas. Et elle l'est aussi au sens où, au présent, son existence même est sacrifiée »[1]. La formule est très juste : c'est précisément *au présent* que la jeunesse est sacrifiée, c'est-à-dire que le présent d'Antonia est phagocyté par la répétition du passé au point d'être sans projection possible, sans au-delà temporel. Après tout, ce présent de la remontrance de Miss Balfour à l'égard d'une Antonia qui projette, un bref instant, de quitter son rôle est lui-même raconté en flash-back et déjà reconstitué en passé. Le sacrifice de la jeunesse concrétise la forclusion du temps. Si Antonia est brutalement ramenée à sa condition, ce n'est pas pour le contenu de son énoncé (la passion naissante pour Michael York et qui deviendra très vite une obsession avec tout ce qu'elle charrie elle-même de répétitions), mais parce que cet énoncé était formellement celui de la projection impossible.

Si c'est à bon droit que Pierre Berthomieu affirme que « *Fedora* conclut la modernité classique », car « *Fedora* n'est plus qu'une image creuse à l'intérieur de laquelle circulent les corps qui lui garantissent l'éternité »[2], c'est que la saisie du vif par le mort dans *Sunset Boulevard*

1. E. Burdeau, *Gravité. Sur Billy Wilder*, *op. cit.*, p. 88.

2. P. Berthomieu, *Hollywood classique. Le temps des géants*, *op. cit.*, p. 550.

a plongé jusqu'à l'empêchement même de la vie dans *Fedora*. Dans ces deux films, Billy Wilder éprouve le risque de la création « dans l'après » – ou pour le dire autrement, l'enlisement qui menace toujours la nécessaire répétition de celui qui arrive en retard sur le déjà créé. Fedora a détruit Antonia. Il n'y aura plus de seconde chance.

chapitre 3
la mélancolie de la création
La La Land

> *C'était Norma Jeane qui préférait les comédies musicales :* Stage Door Canteen, Meet Me in St. Louis, All About Lovin'You. *Mais ça ennuyait Bucky, et Norma Jeane devait admettre qu'elles étaient idiotes et creuses, aussi factices que le pays d'Oz. « Dans la vraie vie, les gens ne se mettent pas à chanter », grommelait Bucky. « Les gens ne se mettent pas à danser, bon dieu,* il n'y a pas de musique ». *Norma Jeane évitait de lui faire remarquer qu'il y avait toujours de la musique dans les films, même dans les films de guerre de Bucky, même dans la* Marche du Temps [1].

Et pourtant… Si Billy Wilder explore les formes de l'enlisement dans le retard de la création, s'il donne ainsi à voir ce qui menace toujours la création « dans l'après », d'autres voies restent ouvertes, qui jouent ce risque et le réfléchissent. À mon sens, le jeune réalisateur Damien Chazelle en a offert un brillant exemple avec son second long-métrage.

Lorsque *La La Land* sort en salle, en 2016, le succès public et critique du film est impressionnant. Il est bientôt suivi par l'obtention de nombreux prix, parmi lesquels six Oscars. Puis petit à petit, des

1. J. C. Oates, *Blonde*, trad. fr. de Cl. Seran, Paris, Stock, 2000, p. 262.

bémols se sont fait entendre, et même quelques voix discordantes. Le retour de balancier d'un unanimisme qui lasse? Tantôt on concède que *La La Land* est un film agréable, distrayant, tantôt on l'accuse d'être sans fond, gratuit, en fin de compte indifférent. Il arrive même qu'on lui reproche de n'être pas à la hauteur de sa prétention, qui consisterait à tenter une renaissance de la comédie musicale classique. Mais *La La Land* est-il une comédie musicale? Quelle est réellement son ambition? Quel est son rapport à la narration – le scénario ayant été jugé faible par certains? La mise en scène de Damien Chazelle, dont le brio ne paraît jamais remis en cause, sacrifie-t-elle à un esthétisme superficiel? Quel est, en somme, le rapport de ce film à la *création?*

une comédie musicale ?

Le *genre* dans l'art cinématographique américain a pour fonction de structurer l'offre qui est faite aux spectateurs et de s'assurer ainsi d'un succès minimum auprès d'un public conquis d'avance. Il incite aussi, dès lors, à identifier des codes figés, le plus souvent liés à un contexte historique précis de production. Mais le genre est aussi, le plus souvent, l'incarnation d'une relation à la forme – une relation qui peut prendre la voie d'un approfondissement de la forme, d'une subversion de celle-ci, d'une réinvention ou encore d'une célébration. Damien Chazelle avoue lui-même n'avoir accédé au genre de la comédie musicale et à sa forme que par l'interrogation qu'il soulève : « Ce n'est qu'après avoir découvert certains films expérimentaux et moins narratifs que j'ai pu regarder les *musicals* avec un œil neuf, en tant que forme unique, combinant cinéma commercial et recherche d'avant-garde. C'est ce qui fascine : comment un genre aussi populaire parvient-il à un tel affranchissement des règles établies? »[1].

Le genre de la comédie musicale s'élève en effet immanquablement à ce haut niveau de la question de la forme. On pourrait dire que la comédie musicale, éminemment la comédie musicale américaine

1. D. Chazelle, « De la vie réelle à la vie rêvée », dans N.T. Binh (éd.), *Comédies musicales. La joie de vivre au cinéma*, Paris, Éditions de la Martinière, 2018, p. 14.

classique, a pris en charge l'héritage du spectaculaire au cinéma, legs de la naissance du cinématographe des frères Lumière et surtout de Méliès, que l'invention du cinéma narratif, notamment par Griffith, n'a jamais effacé. Conservant dans sa forme une prévalence du spectaculaire sur le narratif, la comédie musicale est, pourrait-on dire, un « hyper-genre » dans l'histoire du cinéma parce qu'elle investit une forme essentielle de l'image en mouvement : le spectacle qui impressionne et nous colle à notre siège, plutôt que la narration qui engage nos processus d'identification.

Bien sûr, je ne suggère pas ainsi que la narration serait absente de la comédie musicale – pas plus que le cinéma hors *musicals* se désintéresserait du spectaculaire. Disons-le avec Katalin Pór : « Si la plupart des fictions cinématographiques se construisent dans une tension entre narratif et spectaculaire, la comédie musicale n'y échappe pas, se trouvant presque par définition "condamnée" au spectaculaire. Car l'essentiel du plaisir des spectateurs provient de la qualité des numéros chantés et dansés qui jalonnent l'avancée du récit : attendus comme de véritables morceaux de bravoure, c'est également à l'aune de leur qualité que se juge le succès global d'un *musical* »[1]. Ainsi, la narration n'est souvent que l'auxiliaire, la servante du spectacle. Elle passe les plats avec plus ou moins de talent et de vraisemblance. Dans l'histoire de la comédie musicale, cette relation de subordination du narratif au spectaculaire a toutefois elle-même connu des figures variées[2]. Un Mark Sandrich ou un George Stevens l'ont avalisée sans

1. K. Pór, « Récit et spectacle. L'art du scénariste de *musical* », dans *ibid.*, p. 54. Je note que Fanny Beuré, dans sa remarquable somme sur le genre du *musical* classique hollywoodien, pose également la distinction du récit et du spectacle au foyer de son interprétation, en signalant « une tendance générale [du musical] à l'intégration des numéros musicaux à la trame narrative », tout en affirmant aussi bien : « Un parti pris a guidé notre recherche : nous concentrer sur les numéros musicaux » (F. Beuré, That's entertainement! *Musique, danse et représentations dans la comédie musicale hollywoodienne classique*, Paris, Sorbonne Université Presses, 2019, p. 22-23).

2. Selon Fanny Beuré, on peut observer « une évolution du genre vers une progressive intégration des numéros musicaux au récit » (F. Beuré, That's entertainement! *Musique, danse et représentations dans la comédie musicale hollywoodienne classique*, *op. cit.*, p. 70).

hésitation. Vincente Minnelli ou Stanley Donen ont travaillé une intégration beaucoup plus fine de ces composantes. Le duo Robert Wise/Jerome Robbins ainsi que Bob Fosse iront encore plus loin en ce sens. Et je n'évoque ici que quelques classiques. Ce spectaculaire de l'origine qu'elle prend en charge garantit à la comédie musicale une place à part dans les genres hollywoodiens.

Affirmer que *La La Land* est une comédie musicale ou même, selon certains critiques, une *résurrection* de la comédie musicale américaine – pas moins! –, contraint à poser la question de la situation de la forme « comédie musicale » dans ce film. Que signifie ici « comédie musicale »? Damien Chazelle reprend-il simplement les codes d'un genre? Les modernise-t-il? Les parodie-t-il? Ou peut-être s'attache-t-il simplement à donner une tonalité sombre à son exercice de la comédie musicale?

Arrêtons-nous un instant à cette dernière hypothèse. Elle peut sembler crédible et indiquer ainsi ce que Chazelle essaie d'apporter au genre. Mais c'est un leurre. Tout d'abord parce que, pour bien des spectateurs, *La La Land* ne laisse guère de goût amer dans la bouche. Que ce soit à tort ou à raison, ceux-là y reconnaissent plutôt un « *feel good movie* », prenant au pied de la lettre la résonnance insouciante du titre du film. Il faut donc croire que cette tonalité sombre n'est pas si évidente. Par ailleurs, et à l'opposé, si l'on veut pourtant y faire pleinement droit, il est difficile d'ignorer que Chazelle n'inventerait alors pas grand-chose. Lui-même, au demeurant, s'est expliqué à plusieurs reprises sur ses sources d'inspiration dans de grandes comédies musicales de l'histoire qui ont osé renoncer au traditionnel « *happy end* » ou intégrer des scènes d'une grande tension, sans réel dépassement ni apaisement. Il faut ainsi rappeler que la comédie musicale américaine classique, dès les années 30, a fait droit aux souffrances du peuple américain meurtri par la grande crise de 1929. On peut évoquer aussi, plus précisément, la scène extrêmement brutale de *Meet Me in St. Louis* (*Le chant du Missouri*, 1944), de Vincente Minnelli, au cours de laquelle la petite Tootie, contrainte de quitter sa maison de famille, décapite violemment ses bonshommes de neige – exemple évoqué par Chazelle lui-même, à côté d'autres comédies musicales en demi-teinte, tel *It's Always Fair Weather* (*Beau fixe sur New York*, 1955) de Stanley Donen. On pourrait aussi évoquer le cas très particulier de *Sweet Charity* (1968), premier film de Bob Fosse, dont une fin heureuse a été tournée mais qui ne sera pas conservée : les producteurs choisiront de maintenir la conclusion ouverte et angoissante, sinon désespérée, privilégiée par le réalisateur – il est vrai que l'histoire du cinéma nous a plutôt habitués à des prises de décision inverses. Enfin, en sortant du champ américain, il faut mentionner *Les parapluies de Cherbourg* (1964) de Jacques Demy, chef-d'œuvre du film musical français dont Damien Chazelle n'a cessé de souligner le rôle qu'il a joué dans sa cinéphilie comme dans le projet de *La La Land*. Il est difficile de trouver une fin plus triste dans un film musical que celle des *Parapluies de Cherbourg*. Simplement parce que le prosaïsme de vies qui ont échoué à se construire ensemble et qui ne rêvent plus l'emporte sur ce que nous espérons toujours d'onirisme lorsque des personnages chantent plus qu'ils parlent.

Damien Chazelle n'a pas inventé – et il est le premier non seulement à le reconnaître, mais même à le souligner – la tristesse ou même le désespoir dans la comédie musicale. Mais si donc les tonalités sombres de *La La Land* ne sont ni évidentes, ni nouvelles, ne faut-il pas penser que le rapport du film à la forme de la comédie musicale se joue ailleurs? Sur un autre terrain? En tout cas, loin d'une opposition aussi forcée qu'intenable entre le « *feel good movie* » et la comédie amère – le film ne se situe pas là parce qu'il évite toutes les oppositions stériles de ce type et les choix aussi simplistes qu'abrupts. Il faut donc réfléchir hors tous préjugés ou pseudo-évidences sur la relation de *La La Land* à la forme de la comédie musicale.

D'où vient cette assimilation du film de Damien Chazelle à un genre si ancien et aujourd'hui si peu investi par les grands cinéastes? Bien sûr, on répondra que *La La Land* contient des scènes chantées et dansées, notamment par les deux acteurs principaux, Emma Stone et Ryan Gosling – ce qui a d'ailleurs valu à ceux-ci quelques reproches d'amateurisme, j'y reviendrai. Plusieurs séquences rassemblent aussi un nombre important de danseurs et, enfin, la musique joue un rôle essentiel tout au long du film. La conjonction de ces différents éléments suffit certainement à susciter, sinon encore à justifier, le classement dans le genre « comédie musicale ». Mais si nous regardons les choses de plus près, il semble surtout que Chazelle nous convainc d'entrée que son film a à voir avec la comédie musicale grâce à sa première séquence, qui précède même l'inscription du titre sur l'écran. Personne, sans doute, n'est resté insensible à ce morceau de bravoure cinématographique du long plan-séquence d'introduction. Partant d'un cadrage du ciel bleu californien, la caméra descend vers un embouteillage sur un échangeur d'autoroute de Los Angeles et, dans un travelling latéral, longe les véhicules dans lesquels, comme dans autant de bulles, chacun écoute une musique différente. Jusqu'au moment où l'une d'entre elles l'emporte. Il ne s'agit plus d'une musique entendue à la radio, mais d'un chant interprété par une des conductrices. Bientôt, *Another Day of Sun* devient la chanson partagée et dansée par tous, puisque chacun sort de sa voiture pour se lancer dans un étrange ballet autoroutier. La caméra virevolte. Travellings, panoramiques, mouvements à la grue, accélérations, ralentissements, brusques renversements : l'appareil glisse, se faufile, se tourne et retourne pour venir cadrer les interprètes de ce ballet qui se voudrait improvisé. Elle saisit les corps en mouvement et les entraîne aussi bien. La joyeuse exubérance qui s'empare de tous, chanteurs, danseurs, musiciens – mais aussi un cycliste acrobate, un skateboardeur et une oulaoupeuse déchaînés… –, est emmenée par le propos même du chant : le désir chevillé au corps et à l'âme de devenir artiste dans la Cité des Anges! Enfin, le final est grandiose : un dernier mouvement à la grue qui dévoile l'ampleur du ballet en un plan d'ensemble et une conclusion parfaitement synchronisée des conducteurs qui regagnent leur voiture tandis que les klaxons font résonner les dernières notes.

Le titre *La La Land* peut alors s'afficher sur l'écran. Et le film commencer? Cela signifierait-il donc que cette première séquence se situe comme en amont du film? En tous les cas, le spectateur a bel et bien vu, et s'en est sans doute délecté, une magnifique séquence d'ouverture de comédie musicale, virtuose et intense à la fois. Il n'en reste pas moins que cette situation en amont du titre ne peut être neutre. Je l'indiquerai en pointant un élément interne au plan séquence et un élément de transition avec l'action qui suit.

Vers la moitié du plan-séquence, l'un des danseurs s'approche d'un camion dont il soulève le volet arrière et découvre ainsi un petit orchestre aux sonorités latinos. Les danseurs, filmés de dos, s'agglutinent devant ce mini *band*. Ils sautent en rythme – spectateurs devant un spectacle. Mais bientôt, ils se retournent en continuant à faire *eux-mêmes* spectacle dans un joyeux désordre. Une danseuse hispanique, vêtue comme pour un flamenco, attire d'abord tous les regards, y compris ceux des autres danseurs qui font cercle autour d'elle. La caméra vient ensuite cadrer successivement deux autres danseurs. Ce qui importe, c'est la relation à l'orchestre. Nous sommes partis d'un plan qui distinguait et même opposait en un face-à-face l'orchestre et ceux qui l'écoutaient. Mais voici que la caméra glisse sur ce public en isolant successivement ces trois danseurs, tout en gardant toujours l'orchestre dans le champ. Les autres danseurs – spectateurs – regardent ceux qui étaient spectateurs et font désormais spectacle. C'est-à-dire qu'il n'y a plus de face-à-face entre spectacle et spectateurs : les spectateurs eux-mêmes deviennent acteurs du spectacle. La structure de distinction ou d'opposition – propre au spectaculaire – du spectacle et du spectateur est posée pour être aussitôt dépassée en ce point central du plan-séquence initial.

Sans doute pourrait-on m'opposer qu'il n'y a pas là sujet d'étonnement, s'agissant d'une comédie musicale. Certes. Mais précisons alors ce qui se joue dans cette séquence de comédie musicale. Dans une mise en abîme aussi puissante que discrète, la séquence inaugurale s'explicite comme telle, comme lieu où tout est spectacle, mais sans oublier qu'il y a toujours d'abord un écart entre le spectacle et le spectateur. La comédie musicale joue à résorber cet écart, en faisant du monde un spectacle où l'observateur se transforme en acteur sous l'effet de l'intensité du chant et de la danse. C'est là tout le sens de l'*entertainment* qui anime la comédie musicale classique[1].

Faisons encore un pas de plus. Ce qui a lancé cette effervescence sur l'échangeur d'autoroute, c'est l'aspiration à être artiste, à être spectaculaire – à le devenir! Et nous savons bien que tout le propos du film porte sur cette ambition. Ambition de Mia de devenir une actrice, ambition de Sebastian de devenir un jazzman reconnu, dirigeant son propre club. L'un et l'autre aspirent à modifier leur position dans la polarisation du spectacle et du spectateur. Le cœur de la séquence initiale nous fait rêver une telle interchangeabilité. L'incipit du film donne à voir une polarisation fantasmagoriquement dépassée. En ira-t-il de même dans l'action qui suit? Pourrait-il même en aller autrement si *La La Land* est bien de part en part une comédie musicale? Or, tel un leitmotiv inquiet, la structure de polarisation entre spectacle et spectateurs sera répétée en autant de variations par la mise en scène de Damien Chazelle – comme si, décidément, son dépassement n'allait pas de soi. Ne serait-ce pas alors le statut même du film comme comédie musicale qui ne va plus de soi? J'essaierai de le montrer en revenant sur les modalités de cette structure de polarisation dans quelques pages.

Avant cela, je voudrais mettre en lumière un élément décisif de la transition entre cette première séquence et la seconde, qui suit l'apparition du titre. Après son mouvement vertical ascendant à la fin du plan-séquence initial, la caméra s'est figée lorsque se surimprime sur l'écran « *La La Land* ». La musique s'est tue et la bande-son restitue

1. Je rejoins en ce sens les analyses que Fanny Beuré consacre à la notion d'*entertainment*. Elle la privilégie en effet comme « clé de lecture » de la comédie musicale hollywoodienne classique dans la mesure même où « l'*"entertainement"* désigne à la fois un type de spectacle et l'effet que ce dernier provoque chez le spectateur [...] » (F. Beuré, That's entertainement! *Musique, danse et représentations dans la comédie musicale hollywoodienne classique*, *op. cit.*, p. 25). « L'engagement absolu du spectateur dans le spectacle d'*entertainement* » (*ibid.*, p. 35) contribue ainsi à « l'enchantement magique du quotidien » (*ibid.*, p. 59). Je renvoie mon lecteur à aux analyses très détaillées de Fanny Beuré dans le long avant-propos (« Qu'est-ce que l'*entertainment?* », *ibid.*, p. 25-55) ainsi que dans le premier chapitre (« Valeurs de la comédie musicale en-chantées & dansées », *ibid.*, p. 59-111) de son livre.

bientôt des bruits concrets et réalistes. Nous sommes revenus dans le réalisme d'une quotidienneté autoroutière embouteillée… Mais voici que la caméra entame un mouvement descendant qui semble encore dans la continuité du plan-séquence qui a précédé. À dire vrai, tout est fait pour que nous ayons le sentiment très net que nous sommes toujours dans le même plan-séquence. Il est quasiment impossible, pour des raisons matérielles qui n'importent pas ici, que Damien Chazelle ait réellement prolongé son plan-séquence. Doit-on supposer alors un « cut » et un raccord subtilement dissimulé? Quoi qu'il en soit, l'impression de continuité est forte et rien ne vient la remettre en cause pour le spectateur. Pour mieux dire encore : la mise en scène est conçue pour faire accroire à cette continuité, comme si le plan-séquence, tout en ayant changé de nature et de propos, se prolongeait encore.

C'est dans cette continuité que la caméra, toujours aussi fluide dans ses déplacements, descend vers les voitures immobilisées et cadre d'abord celle de Sebastian, puis, avançant latéralement, vient observer Mia dans le véhicule qui se trouve tout juste devant celui de Sebastian. Ainsi donc, les deux héros du film étaient pris, eux aussi, dans l'embouteillage. Mais la séquence initiale s'est abstenue de nous les montrer, comme si elle les maintenait à l'extérieur de sa jubilation. Ni Mia, ni Sebastian n'étaient parmi les danseurs et nous n'avons même jamais aperçu leurs voitures. Compte tenu de l'espace parcouru par la caméra sans cesse en mouvement, il y a là quelque chose qui relève de l'exploit – ou du moins d'une volonté forte. Pourtant, j'y insiste, Chazelle construit aussi une continuité qui affirme la présence des deux héros dans l'embouteillage, et même au plus près des danseurs.

La chose n'est pas banale. Nous devons en conclure que le film nous révèle Mia et Sebastian comme étant à la fois présents et absents à la séquence initiale! Encore une fois, d'un point de vue réaliste et matériel, ce n'est pas possible. Il faut donc saisir d'autant plus précisément le sens décisif de cette invraisemblance. Mia et Sebastian n'ont pas seulement été oubliés dans la séquence initiale. *Par principe*, ils n'y participaient pas. Leur absence n'était pas contingente. Mais à présent, leur présence dans la continuité, même truquée, du plan-séquence n'est pas plus arbitraire ou accidentelle. Elle apparaît comme nécessaire. Comme leur absence l'était déjà. Mia et Sebastian – les personnages principaux! – sont à la fois présents et absents à la grande séquence qui introduit *La La Land* comme comédie musicale.

La relation du film – et de l'action qu'il met en scène – à sa séquence de comédie musicale est bien plus ambiguë que celle d'une narration à son incipit ou d'un opéra à son prélude. Il y a entre la forme « comédie musicale » du début et l'action que déploie ensuite le film une relation forte (la prolongation apparente du plan-séquence qui instaure une continuité) mais qui est en même temps de l'ordre de la différence, de la faille. L'action – tout particulièrement de Mia et Sebastian – aura un lien avec la forme de la comédie musicale mais sans jamais s'y identifier tout à fait. Pourrais-je affirmer que *La La Land* n'est donc pas une comédie musicale? Ce serait tomber dans l'extrême opposé. Dans leur unilatéralité, les deux thèses sont aussi péremptoires et infondées l'une que l'autre. Il faut bien plutôt saisir l'écart qui est maintenu par le film avec cette forme – la comédie musicale – qui est en même temps la sienne.

La La Land est l'histoire des aspirations, des échecs, d'une certaine réussite aussi, de Mia et Sebastian. La narration s'identifie à leurs actions. Or, tout nous suggère que ces deux personnages – interprétés par des comédiens qui, pour faire couple, ne ressemblent pourtant pas à Fred Astaire et Ginger Rogers ou Cyd Charisse, ni à Gene Kelly et Leslie Caron ou Debbie Reynolds – ne sont pas des personnages de comédie musicale. Damien Chazelle n'a pas retenu des danseurs et chanteurs émérites. Au demeurant, son premier choix de casting, s'il était différent (Emma Watson et Miles Teller), présentait les mêmes caractéristiques. Les interprétations de Emma Stone et Ryan Gosling, pleines de charme, sont cependant celles d'amateurs dès qu'il s'agit de séquences chantées et dansées. Faiblesse du film ou effet recherché? La seconde branche de l'alternative s'impose sans aucun doute à notre réflexion. Je dirais même que c'est ne rien comprendre à *La La Land* que de considérer en même temps qu'il s'agit tout uniment d'une comédie musicale et que ses interprètes ne sont pas dignes de leurs glorieux prédécesseurs. Mia et Sebastian sont en écart par rapport à la comédie musicale, comme ils sont à la fois présents et absents à la jubilation de « *Another Day of Sun* ».

D'ailleurs, les personnages semblent être bien conscients de leur amateurisme et ne font le plus souvent spectacle que dans leur solitude. L'une des séquences chantées et dansées les plus importantes se situe encore au début du film : « *Someone in the Crowd* ». J'aurai l'occasion de revenir sur cette séquence, mais je note dès à présent que Mia ne joint pas sa voix à celles de ses colocataires – elle se contente de jouer la comédie, de faire des mimiques, etc. – qui veulent l'entraîner à une soirée susceptible de favoriser sa carrière encore très hypothétique. Avant que ces âmes bien intentionnées mais pressantes n'entrent dans la salle de bain où Mia vient de prendre sa douche, il est vrai que celle-ci fredonnait. Mais justement, elle *fredonnait*, pour elle seule, en toute discrétion et quasiment *in petto*. Chanter en public, même devant trois copines, il n'en est pas question!

Tout au long de la première partie de cette séquence – dans l'appartement –, Mia s'esquive du chant et de la danse, à chaque fois que les trois autres jeunes femmes tentent de l'y entraîner. Ce n'est qu'une fois dans la rue, où elle les rejoint après une longue hésitation, qu'elle participe brièvement à leur exubérance avec quelques pas de danse. Dans la seconde partie, pendant la soirée, elle reste à nouveau en marge de tout mouvement dansé. Elle s'isole dans les vestiaires où elle chante enfin, mais seule donc, et brièvement. Elle ne chante qu'en retrait. Dans une troisième partie de cette séquence, la caméra la suit lorsqu'elle quitte les lieux en traversant les pièces envahies par les fêtards. Sur son chemin, Mia s'approche de la piscine. Damien Chazelle filme une nouvelle séquence de comédie musicale d'ampleur, avec plongée dans la piscine d'hommes en costume – et de la caméra elle-même! Mais Mia, elle, presse le pas et s'échappe en laissant le champ libre à la caméra. Elle disparaît au moment de la conclusion de cette scène, qui évoque, en quelque sorte, Busby Berkeley. Encore une fois, elle reste comme en écart d'avec les moments qui mobilisent le plus fortement la forme de la comédie musicale. Bien sûr, il en ira de même pour Sebastian qui ne chante que lorsqu'il s'isole, par exemple sur la jetée d'Hermosa Beach ou dans le secret de son appartement.

En d'autres occasions, alors qu'ils sont ensemble, Mia et Sebastian esquissent un pas de danse – une allusion, tout au plus, ou encore un clin d'œil, une plaisanterie, comme lorsqu'ils se jouent pour rire du gardien du funiculaire « *Angels Trail Railway* ». Dans une séquence aussi importante que « *What a Waste of a Lovely Night* », dont le décor est le *Cathy's Corner* dans Griffith Park, c'est à nouveau en s'isolant que les futurs amants tentent un pas de danse et poussent la chansonnette. Encore le font-ils comme une variation sur ce qui a déjà été. Je pense moins au réverbère qui renvoie brièvement à *Singin'in the Rain*, qu'au jeu de pieds sous le banc qui est, lui, si directement inspiré de *Shall We Dance* (*L'entreprenant M. Petrov*, 1937) de Mark Sandrich, dans une séquence où Ginger Rogers et Fred Astaire sont affublés de patins à roulettes, que Mia et Sebastian paraissent parodier en se tenant ainsi comme à distance de ce qu'ils interprètent.

C'est qu'en fin de compte, Mia et Sebastian ne sont ni chanteurs ni danseurs et n'aspirent pas à le devenir. A-t-on assez remarqué que ni l'un ni l'autre ne rêvent de comédie musicale, pas plus de danse que de chant? Pour garder des exemples de références pertinentes pour *La La Land*, dans *Shall We Dance*, Ginger Rogers et Fred Astaire interprètent des danseurs professionnels qui se produiront bientôt ensemble. Le même couple, dans *Swing Time* (George Stevens, 1938), incarne également des danseurs professionnels, comme encore dans *The Barkleys of Broadway* (Charles Walters, 1949). Par contre, les aspirations artistiques de Mia et Sebastian sont tout à fait étrangères à la comédie musicale, au chant et à la danse. Elle se veut comédienne, lui pianiste de jazz. Et s'ils évoquent nombre de références artistiques – au point que l'on a pu, à mon sens très injustement, accuser Damien Chazelle de céder au *name dropping* –, pas un titre de comédie musicale n'en fait partie. Les films que citent tantôt Mia, tantôt Sebastian, sont *Casablanca* (Michael Curtiz, 1942), *Bringing Up Baby* (Howard Hawks, 1938), *Notorious* (Alfred Hitchcock, 1946), *Rebel Without Cause* (Nicholas Ray, 1955). Pas une comédie musicale! Et il ne s'en trouve pas plus dans les nombreuses affiches de l'appartement de Mia. Quant à Ingrid Bergman, dont un poster géant couvre l'un des murs, elle n'a, à ma connaissance, jamais joué dans une comédie musicale.

Certes, il n'est pas rare que des comédies musicales mettent en scène des personnages qui n'ont pas de relations d'intimité avec les arts qu'elles mobilisent. L'action devient alors fantasmagoriquement chantée et dansée dans des contextes et pour des actions banales, du quotidien. C'est d'ailleurs ce qui se produit le plus souvent, y compris, par exemple, dans *Meet me in St. Louis,* qui est une référence pour Chazelle. Mais dans ce type de films, les personnages n'ont rien à voir avec le monde de la création artistique en général. Or, dans *La La Land*, Mia et Sebastian sont, ou du moins aspirent à devenir, des créateurs. Tout comme ils étaient à la fois présents et absents à la séquence « *Another Day of Sun* », ils sont ici encore dans une situation ambiguë, comme dans un entre-deux : des artistes en devenir, mais sans l'être à la manière d'interprètes de comédie musicale.

Si les références aux comédies musicales sont nombreuses, elles sont le fait de Damien Chazelle et pas de ses personnages. Et lorsqu'il semble qu'elles passent de celui-là à ceux-ci (comme dans « *What a Waste of a Lovely Night* »), ce n'est que dans une ambiguïté irrésolue entre l'extradiégétique et l'intradiégétique. L'impression que l'on en retire est que la comédie musicale joue ici un rôle qui n'est pas endossé par les personnages principaux. Ils sont, encore une fois, en écart par rapport à cette forme. Ou pour le dire plus précisément et plus fondamentalement : le film lui-même se construit sur une forme qui l'anime et l'excède tout à la fois. L'intradiégétique n'échappe pas à cette forme, puisqu'il est construit sur elle depuis l'extradiégétique, mais il ne se confond pas avec elle. Ou pour le dire en sens inverse : la forme de la comédie musicale s'incarne dans *La La Land* et s'en abstrait en même temps.

« *Another Day of Sun* » matérialise dans la première séquence la forme pure de la comédie musicale. Bien sûr, elle innerve ensuite tout le film, mais sans que celui-ci se confonde avec cette matérialisation initiale. C'est-à-dire que *La La Land* n'est pas une comédie musicale comme « *Another Day of Sun* » la figure. Le film est en écart par rapport à sa forme, mais c'est cet écart même qui est signifiant. En somme, *La La Land* est *relatif* à la comédie musicale.

Revenons à l'histoire de Mia et Sebastian. S'ils aspiraient à l'art de la comédie musicale, s'ils cherchaient, par exemple, à monter une comédie musicale, que ce soit sur les planches à Broadway ou sur une pellicule à Los Angeles, la continuité avec la première séquence aurait été parfaite et *La La Land* eût été une renaissance de la comédie musicale américaine. Mais tel n'est pas le cas. Dès lors, il faut sans doute plutôt penser que la forme « comédie musicale » dans son écart maintenu avec le film qu'elle sous-tend pose une interrogation, génère un doute ou peut-être même une inquiétude sur ce qu'est un film – sur ce qu'est *ce* film. Par son utilisation de la forme « comédie musicale » à laquelle il ne se réduit pas mais qui en signe en même temps l'un des enjeux, *La La Land* s'interroge sur ce que c'est que créer des formes, et en l'occurrence des formes cinématographiques. C'est ainsi que se noue la relation constante entre les séquences de comédie musicale, au premier rang desquelles « *Another Day of Sun* », et la narration de *La La Land*. Car après tout, celle-ci est bien la narration, à travers Mia et Sebastian, d'un effort, d'une quête, d'un espoir d'accéder à la création. *La La Land* n'est une comédie musicale que dans la complexité féconde de son rapport à cette forme. Elle permet à Chazelle de réfléchir son film à même son film. Ces séquences sont jubilatoires et si elles produisent quelque chose comme de la réflexivité, ce n'est pas dans un suspens méditatif de l'acte de filmer. Chazelle est tout entier dans ces séquences, et son spectateur aussi, qui les voit et revoit avec le même plaisir intense. Mais en même temps, elles interrogent le film sur ce qu'il est, sur ce qu'est créer – notamment des images en mouvement –, comme les personnages de Mia et Sebastian s'inquiètent de leur aptitude à la création. Ce ne sont donc pas seulement les personnages qui s'interrogent, cherchent, errent. C'est le film lui-même, parce qu'il se maintient en écart avec la forme qu'il évoque et mobilise.

Au fond, en se situant à deux niveaux – celui d'une forme thématisée et celui de la narration –, l'enjeu de *La La Land* ne nous laisse pas en repos et inquiète notre plaisir même. N'est-ce pas là le sceau d'un grand film? Damien Chazelle crée à sa manière; Mia et Sebastian s'y efforcent également. Mais les difficultés apparentes de ceux-ci ne trouvent-elles pas leur possibilité de dépassement dans les modes de création de Chazelle, c'est-à-dire du film même dans lequel leurs actions hésitantes s'inscrivent? Si tel est le cas, cela signifie, d'une part, que le film de Chazelle donne à voir un mode de création qui est en même temps marqué par les difficultés rencontrées par les personnages, des difficultés qu'il ne dépasse qu'en les exposant. Et cela signifie aussi, d'autre part, que les personnages n'éprouvent ces difficultés que sous l'horizon d'un aboutissement qui n'est autre que le film lui-même – ce film qui peut isoler sa forme comme comédie musicale, sans en être tout à fait une.

Dans un livre consacré à Hitchcock, le critique Jean Douchet notait : « le sujet fondamental d'un auteur est celui de ses rapports avec sa création »[1]. Nous avons en effet montré que Hitchcock a tourné *Vertigo* comme une méditation sur sa création cinématographique. De ce point de vue, Damien Chazelle en est le digne héritier. Il situe d'emblée son film dans une tension entre son niveau de création propre, à partir duquel il peut abstraire la forme de la comédie musicale (« *Another Day of Sun* »), et le niveau de ses personnages s'efforçant de créer. Cet écart même déploie une puissance interrogative et réflexive sur ce qu'est la création. Mais au-delà, il faut saisir les modes de création propres aux deux niveaux et encore l'intensité de la relation entre ces modes respectifs.

En effet, ce qui est tout à fait décisif, ce qui fait la cohérence de *La La Land* à même son écart interne et les tensions qui l'animent, c'est le dialogue qui s'établit entre les niveaux, c'est-à-dire entre les

1. J. Douchet, *Hitchcock*, Paris, Cahiers du cinéma, 1999, p. 51.

modalités de création du réalisateur Damien Chazelle et celles qu'il attribue intradiégétiquement à son couple de personnages. Je traiterai de l'effort de création de Mia et Sebastian dans un second temps. Par contre, il faut dire déjà ici quelques mots de la figure de création que Chazelle mobilise pour donner à voir le principe de son art dans *La La Land*.

Comment annoncer ce principe de manière plus tonitruante qu'avec un plan-séquence initial, virevoltant et spectaculaire? Cependant, au-delà de « *Another Day of Sun* », la *relation* à la comédie musicale est confirmée non seulement par les autres séquences chantées et dansées, mais aussi par les références explicites, les allusions, les variations sur des comédies musicales célèbres. Dans les mois qui ont suivi la sortie en salle de *La La Land*, que ce soit outre-Atlantique ou en Europe, ce fut un passe-temps favori de certains critiques ou d'internautes cinéphiles de lister ces références, d'identifier les œuvres auxquelles la mise en scène de Chazelle fait allusion. On peut ainsi mentionner, en vrac, *Les parapluies de Cherbourg*, *Les demoiselles de Rochefort*, *Shall We Dance*, *Broadway Melody of 1940*, *On the Town*, *Singing in the Rain*, *An American in Paris*, *The Band Wagon*, *Funny Face*, *West Side Story*, *Sweet Charity*, *Grease* ou même *Moulin Rouge*.

Au fond, peu importe cette liste, son exhaustivité ou non, son exagération même, dans certains cas. Mais, par contre, il faut saisir le principe de ces emprunts, de ces références, de ces allusions, que Chazelle élargit encore à d'autres films, hors le genre de la comédie musicale. Je pense évidemment à *Vertigo* – dont Chazelle, dans deux séquences, emprunte la lumière verte saisie par Hitchcok –, mais aussi à *Boogie Nights* de Paul Thomas Anderson ou encore, s'il faut en croire une interview de Chazelle, à l'immense *Sunrise* de Murnau pour une partie de la scène d'épilogue. Or, ces références de la mise en scène (et il n'en va pas de même pour les références qu'invoquent Mia et Sebastian) ne sont bien sûr jamais citées nommément – sans quoi elles deviendraient des références intradiégétiques, prises en charge par les personnages. Plus encore, elles se révèlent par des voies diverses, avec des intensités variées, des degrés d'implicite très différents. Ces références sont tantôt allusives, parfois à la limite de ce qui pourrait être une source d'inspiration inconsciente, tantôt très appuyées, à la limite de la citation. Elles semblent tantôt se placer dans la continuité de l'œuvre citée, et tantôt la détourner, comme en s'en jouant.

« S'en jouer » : n'est-ce pas surtout de cela qu'il s'agit? Car que nous montre Chazelle de son processus de création en jonglant avec ces références? Avant tout que sa création est une reprise, mais non pas une répétition. Et il faut tenir ces deux termes – création et reprise – pour co-impliqués, dans la restriction même de leur mise en opposition. Chazelle joue à reprendre et c'est en jouant qu'il transforme. Qu'il transforme? Le terme est maladroit. *Il crée dans la reprise même*, comme si dans l'effacement historique de ces chefs-d'œuvre (pour la plupart), naissait sa propre entreprise de création.

La référence telle qu'en use Chazelle n'est ni hommage, ni commémoration, elle *joue* de la disparition même de ce qu'elle mobilise. C'est bien pourquoi la question de la qualité ou non de comédie musicale pour *La La Land* est complexe. Revenir à une forme ancienne? La ressusciter? La remettre au goût du jour? Il ne peut s'agir de cela car *La La Land* accède au statut de création précisément en prenant en charge ce que l'on pourrait nommer la négativité de l'histoire – l'effacement d'une forme passée – pour accéder à sa positivité – la création même de *La La Land.* Il ne faut évidemment pas donner de connotation péjorative à cette « négativité » de l'histoire. C'est son mouvement même, en l'occurrence d'effacement, que j'évoque ici et sur lequel se fonde Chazelle. Le paradoxe n'est qu'apparent : se fonder sur ce qui passe, s'efface… Précisément, les références de Chazelle ne sont pas des origines contraignantes – ce n'est en tout cas pas ainsi qu'il les mobilise. Un passé hypostasié arrime, entrave, enlise. Ici, l'origine s'efface et c'est en s'effaçant qu'elle libère selon ses modes. Car une origine qui s'efface n'est pas une absence d'origine, un défaut de fondement. Une origine qui s'efface est ce à quoi l'on se réfère, ce sur quoi l'on se fonde, *mais en s'en jouant.* La création de Chazelle est sans doute une *re*-création (et c'est en cela que *La La Land* est *relatif* à la comédie musicale). C'est que l'on ne crée jamais pour la première fois. On crée à nouveau, dans la référence aux œuvres qui s'estompent dans leur passé. Mais ainsi, on *crée*.

En jouant des comédies musicales du passé, Chazelle semble nous indiquer que son mode de création, celui qu'il revendique et qu'il partage aussi avec bien d'autres (souvent moins lucides, cependant, sur les conditions de leur propre création), est dans la réinvention sans cesse reprise, dans la réinvention comme seule modalité de la création.

Mais nous ne pouvons en rester là, comme si la question de la création comme réinvention était réglée au niveau du principe même de la mise en scène, tout en étant indemne de ce qui se passe pour les personnages et leur narration. Si le niveau de la réalisation assume une certaine compréhension de la création, il n'en reste pas moins que cette réalisation met en scène des apprentis créateurs dont les ambitions se heurtent à de nombreux obstacles, parmi lesquels, très certainement, ceux qu'ils génèrent eux-mêmes. L'histoire de Mia et Sebastian est celle de deux ambitions qui si souvent s'épuisent, dévient, se perdent. Elle est en même temps l'histoire d'un amour qui, dans ses soubresauts, vient teinter de tonalités changeantes leurs succès comme leurs échecs. Or, l'une des voies qu'il faut emprunter pour comprendre cette double histoire, tantôt partagée, tantôt divisée, consiste à rapporter leurs actions à ce qui se joue au niveau de la forme de la comédie musicale – celle qui est investie par l'acte de mise en scène.

Je l'ai indiqué plus haut, dans cette manifestation réjouissante de la forme « comédie musicale » qu'est « *Another Day of Sun* », un moment décisif consiste en l'échange des positions entre spectacle et spectateurs. J'ai avancé qu'il y avait là quelque chose comme une quintessence de cette forme, pour laquelle tout devient spectacle. À ce niveau assumé de la création comme réinvention – réinvention même de la forme « comédie musicale » –, Chazelle montre sa maitrise de la mise en scène comme échange spontané des positions autour du spectacle. Je crois dès lors opportun de chercher à comprendre ce qu'il advient de cette joyeuse « inversion des rôles » au niveau de l'histoire de Mia et Sebastian. Comment donc ces personnages qui sont en écart par rapport à la forme relative de la mise en scène se rapportent-ils au spectacle et au spectateur, et aux positions de l'un et de l'autre – puisqu'en définitive, ils doivent être confrontés à cette question dans la mesure même où ils se veulent créateurs et prétendent faire spectacle.

Je pense ne faire ici rien d'autre que placer mes pas dans ceux de Damien Chazelle, tant j'observe son souci constant de donner à voir, de manière polymorphique, cette relation spectacle/spectateur. Le réalisateur convoque une structure visuelle récurrente, et qui se met brièvement en place au début de l'épisode de l'orchestre dans le camion, dans « *Another Day of Sun* » : un spectacle est cadré de face et, au premier plan, on voit de dos les spectateurs. Bien sûr, dans cette première séquence, la structure tend à s'effacer puisque les spectateurs font eux-mêmes spectacle, y compris sous les yeux des musiciens. Mais tout au long du film, Chazelle reprend la structure visuelle de départ, pour la faire varier comme dans le souvenir de la résolution de la première séquence. Cette résolution en une unité mouvante n'est jamais atteinte dans la narration – bien sûr : la forme s'est isolée dans la séquence initiale, et ce n'est que dans cette manifestation que la résolution en une unité du spectacle et du spectateur peut survenir. Dans la narration, c'est la différence entre le spectacle et le spectateur qui domine. Ce qui n'empêche pas, cependant, les variations signifiantes.

Si cette structure visuelle est déjà visible dans les quelques plans de casting du début, ou lorsque Sebastian joue du piano dans le restaurant Lipton's, ce n'est pourtant qu'à partir de la première séquence au Lighthouse Cafe qu'elle compose le champ cadré par Chazelle. Nous observons d'abord le *jazz-band* sur scène, puis, rapidement, la caméra entame un travelling arrière qui se glisse entre Mia et Sebastian, attablés côte à côte, et vient les recadrer comme nouveau premier plan, devant la scène où l'orchestre poursuit sa *jam session*. La relation entre spectacle et spectateurs est ainsi posée et je dirais même *figée*. Le dialogue le confirme : les personnages, et notre regard avec eux, sont pris dans une stricte polarisation. Sebastian est en train d'instruire Mia sur le jazz qu'il vénère, il l'explique, le commente, le surcharge même de son flot de paroles quasi ininterrompu. Cette posture d'admiration, qui situe Sebastian en simple commentateur de ce qui se passe sur scène, les fixe tous les deux dans l'autre pôle de la relation de spectacle. Un gouffre se creuse ainsi entre eux et l'espace scénique auquel ils aspirent pourtant.

Plus tard, on retrouvera cette même structure dans le studio d'enregistrement où Sebastian a rejoint Keith (John Legend). Ils sont assis, face aux musiciens – il est vrai que ceux-ci ont fini de jouer, mais cela ne change rien à l'effet de rime avec la séquence au Lighthouse Cafe. Cette fois, c'est Sebastian qui écoute son interlocuteur. Keith prend l'exact contre-pied de ce que Sebastian soutenait auprès de Mia. Autant Sebastian défendait une orthodoxie du jazz, un jazz « pur », préservé dans son essence et d'ailleurs défini par son origine historique (il faut connaître son contexte de naissance pour comprendre le jazz, affirmait-il à Mia), autant Keith lui reproche ce purisme traditionaliste qui trahit le jazz en l'empêchant d'être encore novateur. Ces deux discussions sont donc menées depuis la polarisation spectacle-spectateurs qui entrave les efforts de Sebastian et Mia. Elle devient ainsi un obstacle à leur accession à la création. La structure visuelle en rime renvoie dos à dos le traditionalisme de Sebastian et la pseudo-liberté créatrice de Keith. Le couple échoue, à ce moment du film, à accéder à la création qu'annonçait, hors polarisation, la confusion spectacle/spectateurs de « *Another Day of Sun* ».

Cependant, il faut noter que ces deux occurrences de la polarisation encadrent une séquence toute différente. Après le baiser échangé à l'Observatoire du Griffith Park, en pleine romance, Mia et Sebastian sont retournés au Lighthouse Cafe. Nous sommes au début du chapitre du film intitulé « *Summer* » – moment où l'amour partagé paraît soutenir les aspirations artistiques. Chazelle tourne une séquence qui renvoie sur un mode légèrement différent à la confusion spectacle-spectateurs de « *Another Day of Sun* ». Sur le petit nuage de leur couple naissant, Mia et Sebastian sont chacun spectateur de l'autre… qui se donne en spectacle! Sebastian est sur la scène du Lighthouse Cafe. Au piano, il participe cette fois à la *jam-session*. Et pendant ce temps, au pied de la scène, Mia danse avec beaucoup de liberté. Chacun, pris dans sa « création » regarde l'autre, chacun fait spectacle et est spectateur de l'autre. Certes, ils ne sont pas ensemble sur scène (ils ne le seront jamais), mais Chazelle lie leurs corps en mouvement et leurs regards respectifs en passant de l'un à l'autre par de vifs mouvements panoramiques. Leur vie devient-elle spectacle? Presque… – le spectacle ne dure pas. Essoufflés, ils reviennent s'asseoir à la table qu'ils occupaient lors de la première séquence au Lighthouse Cafe, et voici que Keith apparaît pour la première fois. Il s'approche de Sebastian, et le malaise palpable entre eux annonce déjà que ce moment, si proche de la comédie musicale et de sa structure de confusion entre spectacle et spectateurs, s'estompe, s'efface. Et s'annoncent des tonalités plus sombres. Si cette seconde séquence au Lighthouse Cafe était un moment de pur bonheur entre eux, ce bonheur s'enfuit déjà. L'apparition de Keith préfigure le renoncement de Sebastian à la pureté de sa vocation, en même temps que la désunion future du couple. Les échanges entre spectacle et spectateur qui nous rapprochaient de la séquence initiale du film ne se produiront plus jamais de cette manière.

À moins que… Nous verrons une séquence assez semblable lorsque Sebastian jouera au Caveau de la Huchette, à Paris. Cependant, cette séquence-là fait partie de l'épilogue, sur lequel je reviendrai, mais dont on peut déjà dire ici qu'il donne à voir une existence onirique, une vie qu'ils n'auront pas vécue, leur vie manquée, celle qui s'approche au plus près de la forme « comédie musicale » précisément parce qu'elle ne fut pas. Mais dans la vie vigile, celle qui a conduit Mia, devenue enfin une actrice reconnue, au club de jazz de Sebastian (le *Seb's*), là où il produit les musiciens qu'il aime et où il se produit lui-même, dans cette vie-là, la polarisation du spectacle et du spectateur continue à prévaloir. Mia est dans le public et Sebastian sur scène. Elle est spectatrice et lui seul fait spectacle. On se doute bien que Sebastian s'est quelques fois blotti dans le fauteuil d'une salle obscure pour y contempler Mia sur le grand écran où elle accomplit sa vocation. Et dans ce cas, les positions étaient inversées. Mais si les positions s'inversent sans doute selon les moments, pourtant elles ne se confondent pas. Les rôles ne s'échangent qu'en décalé. Il n'y a plus ces brusques panoramiques de la seconde séquence au Lighthouse Cafe, où les positions s'entre-appartenaient si bien, pour un court moment, qu'elles étaient à la limite de se confondre. Mia et Sebastian ont réussi, certes, mais au prix de leur couple dont l'unité n'aura duré qu'un instant, dans les panoramiques en aller-retour qu'a voulu Chazelle. Désormais, pour que Mia réussisse à attirer Sebastian auprès d'elle, dans la salle, il faut rêver une autre vie, une vie onirique en effet, une vie qui n'a pas eu lieu. Dans l'une des séquences rêvées de cet épilogue, tous deux viennent s'asseoir devant un écran où est projeté le film de cette vie qu'ils n'auront pas vécue. Lorsque bientôt l'onirisme s'efface, ils sont chacun d'un côté des feux de la rampe. Ils accomplissent leur vocation à la création, mais séparés. La vie spectaculaire de part en part, propre à la comédie musicale, ne dure qu'un instant et, au-delà, teinte par la tonalité du manque les créations de chacun. La comédie musicale est ce dont on s'écarte en créant – mais en créant aussi grâce à cet écart.

La jubilation de la première séquence n'est pas perdue, ne sera jamais perdue, parce que tout simplement *elle a été*. Et c'est bien pourquoi ses échos résonnent, de-ci de-là au gré des séquences dansées et chantées du film, souvent avec les hésitations des chanteurs et danseurs que Mia et Sebastian ne sont pas. Ainsi donc, la jubilation fonde *La La Land*, mais seulement dans son éloignement, son « avant », son effacement même. Si Mia et Sebastian accèdent à la création, ce ne peut être que dans les ombres d'un crépuscule.

la beauté des ruines

Le film commence dans un embouteillage et se termine pour ainsi dire aussi grâce à un embouteillage. Mia et son compagnon cherchent à se rendre à un spectacle, mais ils sont bloqués par le trafic. Mia : « ça ne m'a pas manqué ». Son succès l'a attirée en d'autres lieux, manifestement. Elle avait sans doute même oublié ces embouteillages sur les voies rapides qui entourent et traversent Los Angeles. La comédie musicale est loin. Elle veut s'échapper de cet embouteillage, et ils renoncent donc au spectacle pour dîner en ville. Ils empruntent la première bretelle de sortie qui s'offre à eux. Un peu plus tard, Mia pénètre sans le savoir dans le club de Sebastian et elle rêve la vie qu'elle n'a pas eue.

Que s'est-il donc passé entre ces deux embouteillages? Revenons à la seconde séquence. La caméra descend vers la voiture de Sebastian, puis glisse vers celle de Mia. Ils sont à l'arrêt et s'occupent, si l'on y regarde bien, de la même façon! Sebastian paraît manipuler nerveusement les boutons de son autoradio. Que fait-il donc? Parcourt-il les ondes en cherchant une station précise ou du moins un son qui le distraie? Pas du tout. Il ne cesse de revenir sur le même passage de jazz, juste deux ou trois secondes, en rembobinant une vieille cassette audio. Il écoute, rembobine, réécoute, rembobine encore, etc. Le geste est nerveux et compulsif, comme s'il devait obstinément forcer ces quelques notes au piano à habiter son oreille. Dans la voiture qui le précède, Mia parle à son portable. Puis elle hésite, se reprend et jette un œil sur le siège du passager où elle a posé les feuilles d'un dialogue. Elle se prépare à un casting, en mémorisant et en jouant son texte.

Et pourtant, ils font la même chose. Sebastian ne cesse de faire répéter les mêmes notes à son autoradio, il s'y emploie même rageusement. Mia s'obstine à dire un texte qu'elle a déjà certainement dit plus de dix fois – ce texte qui n'est pas d'elle, ce texte qu'elle s'efforce moins d'interpréter que de restituer. Au sens de la pratique de jeu comme au sens le plus banal et matériel, elle répète. Elle répète et redit sans cesse la même chose, comme Sebastian s'emploie – et continuera à s'employer une fois revenu chez lui – à faire répéter le même son qu'il n'a pas créé, mais qu'il veut entendre et réentendre, pour bientôt le reproduire. Mia et Sebastian, bloqués sur cette autoroute, sont tout entier livrés à la pratique obsessionnelle de la répétition.

Quoi de plus naturel, me dira-t-on, puisqu'ils ont tous deux la vocation d'être interprète? Méfions-nous du naturel, car les choses sont souvent plus nuancées. D'abord parce que Sebastian ne croit qu'à l'improvisation en jazz – même si cela laisse ouverte la question complexe de ce qu'est l'improvisation –, tandis que Mia s'efforcera bientôt d'écrire sa propre pièce. Donc la répétition, ici, n'est pas apriori réductible au travail normal de l'exercice d'interprétation, même si elle a aussi à voir avec elle. Ensuite parce que la répétition n'a rien d'anecdotique dans le déroulement de l'action. Que ce soit sous des figures de bégaiement de la narration, d'inversions, de rimes, de dédoublements et même parfois très directement d'enlisements, le mode de la répétition tisse une trame serrée dans laquelle les deux personnages paraissent souvent empêtrés. Voyons cela de plus près.

Avant tout, il ne suffit pas de dire que chacun répète. Il faut immédiatement ajouter que par là même, l'un et l'autre se répètent et réciproquement. Au fond, Mia et Sebastian constituent la personnification et le dédoublement d'une même aspiration artistique, qui est répétée dans sa double occurrence. Mais si chacun répète l'autre, c'est aussi dans la mesure où chacun singulièrement est pris dans le rythme enlisant de la répétition pour soi-même. Ainsi, pour suivre simplement l'ordre des séquences, le premier casting de Mia répète exactement les lignes de dialogue qu'elle répétait dans la voiture. L'interprétation jouée cette fois devant des tiers, aux regards d'ailleurs peu encourageants, est la répétition d'une répétition. Et l'on sait que cette situation se… *répétera*, jusqu'à cette séquence où Chazelle enchaîne trois répétitions de casting d'affilée. Seules la tenue de Mia et la couleur du mur derrière elle changent. Les lignes de dialogue qu'elle s'efforce de jouer avec fougue ou densité sont à chaque fois un peu plus indigentes, faisant pour le coup de cette répétition un enlisement, sans même parler de l'échec qu'elle endure sans aucun doute à chaque fois – à tel point qu'il n'est pas même nécessaire de le montrer à l'écran.

Quant à Sebastian, de retour dans son appartement, après un échange à la fois tendu et comique avec sa sœur, il s'installe au piano et reprend le même jeu que dans la voiture, faisant répéter sans cesse les mêmes notes – cette fois à partir d'un vinyle – pour les rejouer ensuite lui-même sur son piano droit. Son propre jeu s'inscrit donc dans la séquence des répétitions. Il est d'ailleurs prisonnier de ces répétitions peut-être encore plus que Mia : enlisé dans la répétition des attitudes, des gestes et même des pensées. Il ne cesse de revenir devant son ancien club, le Van Beek Cafe, sans rien pouvoir attendre de ce comportement aussi erratique que répétitif. Sa sœur le lui dit d'ailleurs avec une certaine cruauté et pas mal d'humour : on dirait un éconduit qui harcèle son ex… Lorsqu'il tente de se justifier, quelles raisons peut-il bien avancer sinon, évidemment, celles qu'il répétera sans cesse, comme l'antienne du puriste : il faut répéter le jazz pur, celui de l'origine, celui des grands noms. Ce discours-là, il ne le tient pas que devant sa sœur, il le tiendra aussi devant Mia ou Keith. Et chaque itération sonne comme un enlisement plus profond. N'est-ce pas dès lors en toute logique que Sebastian est conduit à jouer avec un keyboard en bandoulière dans un groupe *cover* – un groupe de reprise, un groupe qui répète à l'infini… ?

De la même manière que les répétions de Mia et Sebastian se répétaient elles-mêmes dans l'embouteillage, leurs enlisements respectifs se jouent dans une relation qui longtemps fait du surplace au gré de rencontres qui se répètent. Ils se côtoient dans un embouteillage, se retrouvent au Lipton's – Mia y est attirée par le jeu au piano de Sebastian, qu'elle entend depuis la rue –, ils se croisent dans une fête pseudo hollywoodienne autour d'une piscine. Après celle-ci, montant ensemble vers le *Cathy's Corner*, décor de la séquence « *What a Waste of a Lovely Night* », ils s'étonnent explicitement, mais non sans un plaisir mal dissimulé, de se rencontrer sans cesse – étrangement.

Commence à s'esquisser ainsi un léger second degré par rapport aux répétitions dans lesquelles ils sont empêtrés. Une tentative de s'emparer, par leur amour naissant, de cette répétition qui les enserre et ridiculise leurs ambitieuses projections. Ils jouent dès lors ouvertement du second degré lorsque Sebastian vient à la rencontre de Mia sur son lieu de travail – le café des studios Warner. La rencontre est cette fois tout à fait intentionnelle et même, pourrait-on dire, planifiée. Sebastian l'introduit pourtant d'un « *You again!* » plaisamment surjoué. L'humour semble indispensable pour tenter de s'échapper de ces répétitions, tant leur réseau serré domine toute l'action du film – ou presque. On pourrait en multiplier les exemples. Qu'il s'agisse de scènes qui se répètent – bien sûr toujours avec un léger déplacement : ainsi, « *City of Stars* » est interprété deux fois, une fois par le seul Ryan Gosling, une fois accompagné d'Emma Stone –, de clins d'œil que la mémoire se fait à elle-même – Mia et Sebastian répétant, lors d'une nouvelle visite au pied de l'Observatoire de Griffith Park, le dialogue : « - Pas terrible cette vue; - J'ai déjà vu mieux » –, ou de portraits de personnages pathétiquement engoncés dans leur impuissance créatrice – le scénariste qui veut faire une saga en reprenant le conte de « Bouton d'or » et en y ajoutant un quatrième ours! L'histoire de Mia et Sebastian ne ressemble guère à la bluette que certains critiques agacés ont parfois voulu dénoncer. Loin de là, même. Il y a quelque chose de désespérant, et même de pathétique, dans leurs efforts répétés en vain, dans leurs aventures réduites aux cercles si clos du monde des artistes manqués de Los Angeles.

Cependant, la répétition et la reprise peuvent changer de signification. Voilà qui est particulièrement clair s'agissant de Mia. Sa vocation est née de sa relation avec une tante comédienne dans une troupe itinérante, évoquée dans la discussion avec Sebastian, tandis qu'ils déambulent au milieu des studios Warner. Cette référence sera répétée (une nouvelle répétition) dans l'audition décisive, celle qui lui permettra d'être enfin reconnue. Le déplacement de la répétition semble donc ici non pas trancher les liens réticulaires des répétitions qui dominent depuis le début, mais modifier son rapport à la création. Chazelle le confirme après que la réussite de Mia ait été acquise (« *Five years later* »). Cette fois la répétition vaut comme consécration d'une création artistique accomplie et reconnue. La scène au café de la Warner reprend jusque dans la mise en scène une séquence identique du début, mais tandis que Mia servait une star avec déférence dans la première séquence, cette fois, c'est elle la star, et c'est sur elle que se portent les regards admiratifs. En somme, tout *La La Land* est une méditation en image sur la répétition, sur les enlisements qu'elle fait encourir comme autant de risques d'impuissance à créer, mais aussi, en fin de compte, sur ce que certains de ses déplacements rendent possible. Pour comprendre la fécondité du déplacement, il me faut dessiner encore plus précisément les figures de la répétition enlisante dans *La La Land*.

J'ai déjà fait mention des nombreuses références cinématographiques que mobilisent, explicitement ou implicitement, les deux personnages principaux. Dès les premières séquences de Mia dans son appartement, ces références sont envahissantes. Pour un peu, les murs seraient comme tapissés d'affiches de cinéma – des films « historiques », pas nécessairement tous des classiques, d'ailleurs. Parmi les œuvres importantes, on notera la présence d'affiches de *The Palm Beach Story* de Preston Sturges (1942), *Saboteur* d'Alfred Hitchcock (1942) et *The Killers* de Robert Siodmak (1946). Un film plus anecdotique : *The Black Cat* d'Albert Rogell (1941) – à ne pas confondre avec la version plus ancienne (et plus marquante) d'Edgar G. Ulmer en 1934. Puis quelques films de l'époque du muet : *The Blonde Vampire* de Wray Bartlett Physioc (1922), *Lilies of the Field* de John Francis Dillon (1924), qui est d'ailleurs un film aujourd'hui perdu, et *The Dove* de Roland West (1927), avec Norma Talmadge. Enfin, on devine aussi l'affiche d'une comédie musicale – la seule, et qui est comme effacée par le mouvement de caméra : *Gold Diggers of Broadway* de Roy Del Ruth (1929).

Le moins que l'on puisse dire est que Mia est une cinéphile exigeante… Des classiques de l'époque du Hollywood triomphant, des muets qui ne sont pas les plus connus et parfois même invisibles à son époque (c'est-à-dire la nôtre), l'une ou l'autre curiosité : Mia a une culture cinématographique qui confine presque au snobisme. Même si elle en dit peu tout au long du film, on comprend que sa manière de se rapporter au cinéma n'est pas très éloignée des obsessions de Sebastian vis-à-vis du jazz. Je pourrais même écrire qu'elle va encore plus loin, car ce ne sont pas que les grands classiques des origines qui la passionnent, mais aussi des raretés que l'histoire ne destine plus qu'à quelques *happy few*.

En même temps, c'est bien en star hollywoodienne que se rêve Mia, elle qui s'effondre sur son lit, après un casting raté, sous une immense affiche d'Ingrid Bergman – star du passé qui l'accompagne dans tout son parcours : Mia emporte cette affiche chez Sebastian dès lors qu'ils vivent ensemble, et on retrouve une affiche de la même Ingrid Bergman, à la fin du film, devant le Château Marmont où réside une Mia qui a brillamment lancé sa carrière. Enfin, n'oublions pas que, lorsque Mia rencontre Sebastian, c'est après avoir longé, non sans désespoir, la célèbre peinture murale « *You are the Star* », où de nombreuses vedettes hollywoodiennes en autant d'effigies regardent le passant comme s'il était lui-même sur scène ou sur l'écran – une passante sous le regard, donc, de ces références incontournables et écrasantes.

Le *name dropping* que l'on a parfois reproché à Chazelle n'est pas de son fait, mais bien de celui de ses personnages. Et ce n'est pas là une pirouette facile pour disculper le réalisateur d'une faute qui eut de toute façon été bénigne. Bien au-delà, cela signifie que Mia et Sebastian – différemment – sont pris dans des réseaux de références, comme ils sont pris dans des réseaux de répétitions, et que celles-ci résultent de celles-là. Le poids de ces références est énorme et ne laisse d'autre choix que de *re-dire*, *re-faire*, *répéter*. L'histoire devient un carcan pour ces personnages parce que leurs références sont définies comme irrévocablement passées, instituées dans leur statut d'origine ou de balises du développement d'un art, ou encore posées comme injustement oubliées.

L'histoire n'est pas *a priori* un lestage encombrant, bien sûr. Mais elle ne manque pas de le devenir si elle est d'abord hypostasiée sous la forme intangible d'un en soi marqué par l'antériorité. D'abord hypostasiée, c'est-à-dire : avant qu'elle puisse être jouée, rejouée, déjouée. La relation de Mia et Sebastian à leurs références artistiques est ainsi opposée à celle du metteur en scène qui est, lui, toujours déjà dans le jeu avec les références aux comédies musicales classiques. À dire vrai, tout le problème qui se pose ici à Mia et Sebastian est celui du statut de la *ruine*. Car toutes leurs références présentent les caractères de ruines, c'est-à-dire de réalités du passé, marquée par l'écoulement temporel et dont la valeur paraît se confondre avec ce stigmate. Les ruines sont belles, personne n'en disconvient, et certainement pas Chazelle lui-même. Sans doute même sont-elles les conditions de la création, comme la positivité du négatif que j'évoquais plus haut, mais ne piègent-elles pas lorsqu'elles s'autonomisent, lorsqu'elles acquièrent leur valeur dans un en deçà de toute nouvelle création? Disons-le autrement encore : la beauté de la ruine ne devient-elle pas mortifère lorsqu'elle se pose en transcendance de tout acte de reprise créatrice – lorsque, en quelque sorte, elle s'absolutise?

S'absolutiser : il semblera peut-être à mon lecteur que je pousse le bouchon un peu loin. Et pourtant, c'est là que tout se joue et *La La Land* nous le donne à penser. J'évoquerai un plan très précis. Sebastian est venu chercher Mia au café de la Warner. Ils se promènent entre les studios et les décors. Mais juste en face du café se trouve déjà un endroit « merveilleux ». Vue de l'extérieure, la « fenêtre de Humphrey Bogart et Ingrid Bergman dans *Casablanca* ». Plus précisément, le lieu est désigné visuellement par deux plans successifs qui constituent un champ et un contrechamp. La caméra cadre Mia et Sebastian depuis l'intérieur de la maison, de l'autre côté de la fenêtre donc. Dans un second temps seulement, on se trouve au niveau des personnages et l'on voit la fameuse fenêtre de l'extérieur. Ce choix surprend et l'effet n'en est que plus saisissant. Pourquoi commencer par ce plan de l'intérieur, comme si quelqu'un regardait les personnages de *La La Land* depuis ce qui était l'appartement de Rick (Bogart) au-dessus de son café à Casablanca? Nous avons en effet inévitablement le sentiment, fût-ce l'espace d'un instant, que quelqu'un regarde les héros de *La La Land* – et qui donc, sinon Bogart et Bergman? Dans le plan suivant, cadrant la fenêtre depuis l'extérieur, dans l'axe de la position de Mia et Sebastian, on a alors l'impression que leur regard admiratif et envieux est totalement, unilatéralement soumis à la puissance du lieu. Comme si la ruine prenait l'initiative – transcendante, donc, par rapport au regard de ses admirateurs. C'est ainsi que Mia et Sebastian succombent à la beauté de la ruine et s'y soumettent.

Au demeurant, j'aime penser que cette mise en scène par Chazelle de l'impuissance de ses personnages, à ce moment, passe par l'exercice discret, parce que joué encore une fois, de sa propre liberté de reprise de références cinématographiques. Ce plan de la fenêtre depuis l'intérieur du décor est aussi surprenant et presque aussi mystérieux que celui de la fin de *Imitation of Life* de Douglas Sirk (1959) : le cortège funèbre de la gouvernante noire Annie Johnson est filmé depuis un intérieur qui donne immédiatement sur la rue, à travers une fenêtre qui organise le visible et en même temps lui fait étrangement écran. Quel est ce regard à travers la fenêtre? Il reste sans raison et sans identification dans le mélodrame de Sirk, et il en est d'autant plus puissant, comme un regard absolu sur un destin cruel. Le regard depuis la « fenêtre de Humphrey Bogart et Ingrid Bergman dans *Casablanca* » a quelque chose de cette absoluité-là pour les personnages qu'il saisit. Une puissance paralysante, car c'est celle d'une ruine qui s'impose en amont de toute nouvelle création. Ce moment qui souligne combien, *pour les personnages*, la référence est une soumission potentiellement paralysante, est aussi un moment de liberté de réinvention de la mise en scène puisque, si l'allusion à *Imitation of Life* n'est pas un leurre de spectateur trop enthousiaste, Damien Chazelle investit en même temps une modalité créatrice de la référence.

Pourtant, il ne s'agit pas pour Chazelle d'en rester purement et simplement à une opposition stricte entre la liberté de reprise de sa mise en scène et l'enlisement de ses personnages. Si l'écart entre les deux niveaux de référence est essentiel, une hétérogénéité irréductible serait forcément insatisfaisante, puisque le jeu de la mise en scène est mise en scène de l'action même de ces personnages. Ainsi, tout comme la seconde séquence dans le Lighthouse Cafe était l'occasion pour Mia et Sebastian d'entrevoir l'unité du spectacle et du spectateur qu'organisait en liminaire « *Another Day of Sun* », de manière analogue, leur relation amoureuse naissante permet de tenter un autre rapport aux références cinématographiques. Et sans doute au moment où on s'y attend le moins.

Sebastian est un grand admirateur du film de Nicholas Ray, de 1955, *Rebel Without Cause*, et son rapport à cette œuvre est évidemment celui d'une soumission à une ruine glorieuse. Ainsi, dans son échange à ce propos avec Mia, il ne peut mieux faire que de répéter James Dean, quelque part entre l'imitation et la parodie, en citant une célèbre ligne de dialogue du rôle de Jim Stark : « *I got the bullets!* ». Puisque Mia n'a jamais vu ce chef-d'œuvre, il lui propose de profiter de sa projection au Rialto Theater, à Pasadena, pour le voir ensemble. Nous comprenons bien, et Mia et Sebastian avec nous, que c'est au fond la passion amoureuse naissante qui les conduira bientôt dans cette salle de cinéma, mais puisqu'il faut se donner un semblant d'alibi, ils iront voir *La fureur de vivre « for research »*, c'est-à-dire pour documenter Mia avant qu'elle interprète un rôle – pour qu'elle puisse jouer en s'inspirant, en imitant peut-être.

Et pourtant, ce soir-là, les choses ne vont pas se passer comme attendu. L'attirance amoureuse paraît l'emporter sur le lestage qu'impose la ruine à la création. Ces deux adultes un peu perdus, comme engoncés dans des vies qui n'avancent pas, se comportent encore comme des adolescents dans une salle de cinéma. Les regards de biais, à la dérobée, les mains qui s'approchent et les doigts qui bientôt se mêlent, tout cela tend à les détourner du film qui est projeté devant eux. Et voici qu'au moment fatidique, lorsque les bouches s'approchent l'une de l'autre et que les lèvres s'entrouvrent, la pellicule de *Rebel Without Cause* prend feu et la projection s'interrompt! Les lumières se rallument dans la salle et les amoureux sont ainsi interrompus avant d'avoir pu échanger leur premier baiser. La simultanéité des deux « événements », au fond deux échecs, fait sourire les amoureux. Et pourtant, se joue là quelque chose d'essentiel dans la relation entre leur passion amoureuse et leur ambition créatrice.

Je reviendrai dans un instant sur le choix du Rialto Theater pour cette projection. Mais il faut observer que *Rebel Without Cause* rejoint ici son statut de ruine, au sens que j'ai esquissé plus haut, et même l'accomplit en s'autodétruisant sous leurs yeux. C'est la pellicule, le matériau cinématographique, qui prend feu, comme si le film s'effondrait sur lui-même. Y a-t-il ici un effet de comédie appuyée? La passion incandescente de Mia et Sebastian a-t-elle métaphoriquement mis le feu à la pellicule? Peut-être. Mais plus sûrement, en tout cas, l'autodestruction de *Rebel Without Cause* est une émancipation, celle que génère une ruine enfin tenue pour ce qu'elle est, c'est-à-dire ce qui s'efface et soutient la création par là même.

Après un moment d'hésitation, Mia esquisse un sourire et annonce qu'elle a une idée. Ils quittent le Rialto Theater et se rendent à l'Observatoire de Griffith Park, qui a servi de décor à l'une des séquences les plus célèbres de *La fureur de vivre*. Cette manière de prendre le relais du film est directement soulignée par l'image. La pellicule s'est enflammée au moment où la voiture de Jim Stark arrivait sur le parking de l'Observatoire. Le montage de Chazelle prend la relève avec l'arrivée de la voiture de Mia au même endroit. La séquence qui suit est évidemment centrée sur l'action de Mia et Sebastian. Elle investit les mêmes lieux que le film de Nicholas Ray, elle les visite, les arpente, mais nous ne sommes en rien dans une répétition ou un commentaire servile des séquences tournées par Ray. Il n'est que de penser au plan magnifique où Mia et Sebastian marchent sur la galerie extérieure du dôme, dans des lumières bleu nocturne, avec une présence massive de l'architecture courbe du lieu et les lumières de Los Angeles à l'arrière-plan. Cette manière de filmer le décor, et de s'y mouvoir pour les personnages, n'a plus rien à voir avec la séquence correspondante de Nicholas Ray. Celui-ci choisissait un plan rapproché et on devinait seulement les courbes et les masses de cette galerie. Ray tournait de jour et Jim Stark observait de là la bande d'adolescents qui s'en prenaient à sa voiture en contre-bas.

Dans les salles intérieures de l'Observatoire (reconstituée en studio pour *La La Land*), l'histoire racontée, les gestes, les postures, le parcours, tout cela invente un nouveau film. Cet amour-là transforme, libère et permet d'accéder au fantasmagorique de la comédie musicale. Mia et Sebastian, seuls, dansent, s'envolent parmi les étoiles et s'embrassent enfin. La ruine de *Rebel Without Cause* a ainsi pu s'effacer devant la passion – tout en étant présente, mais comme ruine qui génère son propre dépassement. Ici, nous sommes au plus proche de la comédie musicale et le niveau créatif de la mise en scène de Chazelle rejoint les aspirations des amoureux. Dans ce moment où ils s'emparent du film de Ray en le bouleversant, ils sont créateurs. La séquence se clôt sur le baiser différé depuis le Rialto Theater, dans un point d'orgue de la musique de Justin Hurwitz et avec une fermeture à l'iris. L'impression est évidemment celle d'un « The End » au beau milieu du film. Mia et Sebastian ont créé leur propre film le temps d'une séquence passionnée et la mise en scène de Chazelle les a soutenus. Comme eux, il a pris la relève de *Rebel Without Cause*, et si c'est sur sa pellicule[1] que le film de Ray a pris feu, elle se prolonge bien au-delà en se nourrissant de ces flammes. Et pourtant, *La La Land* commence à suivre presque aussitôt l'effacement de la comédie musicale qu'ont vécu Mia et Sebastian. Il leur reste juste le temps, si bref, d'échanger leurs regards au Lighthouse Cafe, tour à tour spectacle et spectateur, et les tonalités sombres viennent à nouveau teinter leurs aspirations à la création comme elles viendront obscurcir leur passion. La passion amoureuse a permis de sortir des répétitions, des références, mais n'était-ce que pour un trop fugace moment?

Je reviens au choix qu'a fait Chazelle de retenir le Rialto Theater de Pasadena[2] comme lieu de projection de *Rebel Without Cause*. En effet, ce choix est riche et le réalisateur s'en est d'ailleurs expliqué en commentant son film dans les bonus de l'édition Blu-ray. Dans la narration, le Rialto Theater est lieu de projection d'une « ruine » cinématographique, qui est d'abord annoncée comme une référence écrasante, avant de s'autodétruire sur l'écran et de libérer ainsi la puissance créatrice des amoureux passionnés. Mais il faut tout de suite ajouter que Chazelle a choisi pour cette projection un théâtre qui est lui-même une ruine. Si le Rialto Theater peut aujourd'hui encore

1. Chazelle a bien tourné sur une pellicule 35 mm, et non en numérique comme il avait choisi de le faire pour son film précédent, *Whiplash*.

2. Qui n'a bien sûr rien à voir avec son homonyme de New York dans *The Portrait of Jennie*.

servir de décor pour des organisations événementielles, il n'est plus un cinéma en activité. C'est un lieu marqué par le passé, qui n'est plus là, dans sa qualité de ruine, que pour maintenir, retenir une histoire du cinéma. Chazelle le choisit donc comme décor précisément parce qu'il est une ruine, dans la beauté même de son architecture entrée comme en décomposition – beauté de son lent dépérissement. Mais le choisissant, il complexifie aussi génialement le rapport du lieu et des films (les anciens, ceux que voudrait interpréter Mia et en fin de compte *La La Land* lui-même) à l'écoulement temporel.

Tout d'abord, en remettant fictivement en fonction le Rialto Theater pour les besoins de son film – sur les lieux mêmes, il ne s'agit pas ici d'une reconstitution d'un décor en studio –, il opère une remobilisation cinématographique d'un passé qui concerne directement cet art. *La La Land*, acte de création cinématographique, ressuscite, par le film et seulement par le film, un lieu de cinéma qui dépérit. Le film est en ce sens très concrètement une performance de réinvention. En créant son film, il fait en même temps de cette œuvre une puissance temporelle de convocation non pas d'un passé figé, mais de ce qui est en train de passer, de s'estomper. C'est-à-dire qu'il va chercher dans un mouvement d'effacement le motif d'une remobilisation. L'exercice temporel de la création est ainsi tension entre des vecteurs contraires – bien plus qu'une simple inversion, laquelle reviendrait à oublier qu'il y a dépérissement.

Ensuite, il faut noter que Chazelle ne met pas en scène son décor comme s'il lui avait redonné la vie de son lointain présent. Non, ce qui intéresse le réalisateur, c'est de montrer ce lieu *comme* ruine. Contradiction? Non, pas du tout. Le Rialto Theater avant d'être choisi comme décor de *La La Land* est une ruine que l'on peut oublier, dont on ignore même l'existence. Mais élevé au rang de décor, c'est une ruine mise en scène, c'est une manifestation de l'enfoncement dans le passé que l'on ne peut plus ignorer. Ainsi donc, le film de Chazelle, en assumant sa puissance créatrice, donne à voir le « devenir ruine » lui-même. Il ne s'incline pas devant un lieu archéologique figé (au sens de l'*archè*, de l'origine intangible, celle dont les versions cinématographiques contribuaient à l'enlisement de Mia et Sebastian), il le réinvente pour rejouer sa temporalité. *La La Land* invente cette salle de cinéma en la revisitant comme marquée elle-même par le flux du devenir. C'est seulement à cette condition, bien sûr, qu'elle peut être un écrin approprié pour la projection de *Rebel Without Cause* : projection d'un film qui est entré dans l'histoire et qui ouvre aussi bien l'horizon de nouvelles créations.

Enfin, il ne faut pas oublier que le Rialto Theater apparaît à l'image à deux autres moments. Une première fois, lorsqu'en revenant d'un de ses castings ratés, Mia passe devant la salle. Le rendez-vous avec Sebastian est pris, ils se retrouveront le soir même pour voir *Rebel Without Cause*. La simple vue de ce cinéma en activité, promesse d'une passion naissante, suffit à lui redonner le sourire. Le Rialto Theater inspire l'attente et même la projection. Mais Mia repassera à nouveau bien plus tard devant le Rialto Theater. Elle vit alors avec Sebastian, elle a écrit sa pièce et s'apprête à la jouer. Sebastian, lui, a semble-t-il mis en suspens ses rêves de club de jazz et joue dans le groupe de Keith, avec lequel il est parti en tournée. Nous avons compris depuis la fin de la seconde séquence au Lighthouse Cafe et l'intervention de Keith que leur amour commençait à souffrir et n'y survivrait peut-être pas. Or, le Rialto Theater a fermé. Plus aucun film n'y est projeté. La temporalité de la narration l'a rendu ni plus ni moins qu'à son état de ruine – cet état qui était le sien avant qu'il ne soit choisi comme décor pour *La La Land!* Et cela, c'est le même *La La Land* qui le montre, à travers le regard de Mia. La réinvention cinématographique d'un lieu est fragile, celui-ci peut à tout moment replonger dans un passé qui le ferait presque oublier, à cette extrême limite où une ruine s'effondre. La tension féconde entre les vecteurs temporels – l'effacement et la réinvention de cela même qui s'efface – est elle-même fragile.

Mais est-ce à dire que c'est *La La Land* qui s'essouffle, perd de sa puissance et ne parvient plus à jouer son rôle créateur? Ou plutôt : *La La Land* ne prend-il pas ainsi en charge l'extrême fugacité du bonheur des amants? Si le Rialto Theater est fermé, n'est-ce pas parce que, pour Mia et Sebastian, ce bonheur n'était que d'un instant? L'instant abstrait d'une comédie musicale dansée dans l'Observatoire et tout juste prolongée dans le Lighthouse Cafe... La fermeture du Rialto Theater, le retour du passé comme passé, la ruine qui se fige avant de s'effondrer, tout cela donne toute sa densité au risque de la création, à son instabilité, à son déséquilibre. Ici encore, il faut la comédie musicale pour penser le jeu de la réinvention, mais il faut aussi qu'elle disparaisse pour que nul ne se leurre : la création n'est jamais une plénitude.

enthousiasme et mélancolie

Je me suis efforcé de montrer jusqu'à présent, d'une part, l'écart maintenu par Damien Chazelle entre sa reprise ludique de la forme de la comédie musicale et l'action toujours référencée de Mia et Sebastian; et d'autre part, le risque d'enlisement que fait en même temps peser sur les ambitions créatrices des personnages ce réseau de références toujours plus serré – c'est-à-dire l'entrave paralysante de la ruine.

Ce risque d'enlisement correspond en fait à deux types d'attitude, de comportement ou de mise en situation de Mia et Sebastian : le retrait ou l'absence, et le goût de la « citation ». Dès « *Another Day of Sun* », tous deux sont au moins aussi absents que présents. Quant au goût pour la citation, la référence, elle envahit leur vie et écrase l'expression de leurs aspirations artistiques. Or, ces deux traits se croisant, on peut se demander s'il n'est pas opportun d'évoquer une disposition mélancolique des deux personnages.

J'ai montré en introduction le rôle tenu par la citation dans l'œuvre littéraire de Robert Burton et comment l'interprétation de Jean Starobinski y reconnait l'attestation de ce que cet essai sur la mélancolie est aussi l'essai d'un mélancolique. La citation est l'art de se mettre en retrait pour affirmer sa voix sans l'exposer tout à fait. Le mélancolique multiplie les références, cède la parole en parlant lui-même comme depuis une position de retrait. N'est-ce pas précisément ce dont il s'agit dans le comportement de Mia et Sebastian? Le piège réticulaire des références explicites, des affiches, des monstres sacrés, des quasi-parodies se referme sur les personnages parce qu'ils se doivent de rester en retrait. Il ne s'agit bien sûr pas ici d'une condamnation morale de Mia et Sebastian ni d'un diagnostic sauvage. Il s'agit de comprendre ce qu'est l'affect de ces personnages enlisés à Hollywood – et au demeurant, nous verrons bientôt ce que rend possible, aussi bien, leur mélancolie. C'est avec passion, avec plaisir souvent, avec une admiration qui est aussi une manière de se dire, que les deux personnages se réfèrent à des origines ou à des références historiques, et qu'ils les endossent. Mais leur manière d'être consiste alors à se mettre à couvert de ces références, en même temps qu'ils cherchent à affirmer une puissance de création propre, voire personnelle.

La mise en retrait qui accompagne la pratique inflationniste de la citation marque profondément le comportement des deux personnages principaux. Dans la séquence « *Someone in the Crowd* », Mia adopte un comportement de retrait qui trahit à bien des égards une mélancolie. Après l'échec de son casting, elle prend une douche puis fredonne en se regardant dans le miroir de la salle de bain. Cette pause devant son reflet est une manière de se ressaisir soi-même dans le cercle de son identité en se dérobant au regard des autres. Pour autant, il n'y a ici nulle contradiction par rapport à la pratique compulsive de la « citation du mieux-disant », ou de la référence au meilleur comédien. Les autres, celles et ceux qui l'entourent, ne partagent pas cette passion potentiellement paralysante – d'ailleurs, les affiches de cinéma enserrent, de l'intérieur et de l'extérieur, la chambre de Mia, pas l'appartement dans sa totalité. Il n'y a nulle contradiction, donc, car ces références, très codées, excluent l'autre et permettent aussi, paradoxalement, le recentrement sur soi-même, une certaine fascination pour son propre reflet, même s'il n'a pas la beauté du visage d'Ingrid Bergman. Le miroir permet à celui qui se mire de sortir de soi tout en traçant le cercle de son reflet qui exclut la présence de l'autre.

Cet autre fait effraction, pourtant. L'une des colocataires surgit dans la salle de bain – une irruption qui ne plait guère à Mia et qu'elle tourne en dérision. La dérision à l'égard du monde qui brise le cercle mélancolique du reflet est d'ailleurs récurrente. Elle génèrera bientôt le rire. Les trois amies de Mia veulent l'entraîner à une soirée, mais elle refuse. Elle doit travailler, lance-t-elle, en se *retirant* dans sa chambre. L'échange entre les quatre jeunes femmes est construit sur l'opposition d'un enthousiasme un peu niais, sans doute, d'aspirantes starlettes et de la résistance souriante de Mia, qui se laisse parfois prendre au jeu, certes, mais seulement l'espace d'un instant. Au demeurant, comme je l'ai déjà souligné plus haut, dans tout le début de cette séquence, Mia ne chante pas – ses rares lignes de dialogue sont parlées, et d'ailleurs prononcées comme des incises à l'intérieur du chant partagé.

Comme ses amies insistent pourtant, Mia prononce une phrase mélancolique par excellence : « *I think I stay behind* ». Rester en retrait, s'isoler de cette effervescence légère et vaine à ses yeux, voilà la tendance naturelle que Mia oppose à celles qui l'entourent et veulent l'entraîner dans le monde. Il n'est évidemment pas anecdotique que, lorsqu'elles quittent l'appartement, Mia les observe en étant cadrée en reflet dans un miroir en pied. Il y a opposition entre l'ouverture au monde des starlettes insouciantes et le retrait de Mia dans le cercle de son reflet. Le plan suivant nous la montre qui s'est jetée sur son lit, le visage dominé par celui, immense, d'Ingrid Bergman sur l'affiche. D'ailleurs, la partie chantée avait déjà commencé devant cette affiche, deux des colocataires ayant suivi Mia dans sa chambre. L'échec de leur tentative était comme joué d'avance.

Pourtant, Mia réfléchit. Elle hésite sans doute. Il se joue certainement ici, dans son for intérieur, quelque chose d'une tension entre son désir de retrait – *I think I stay behind* – et les exigences de son ambition créatrice. Et si elle rencontrait quelqu'un à cette soirée qui pourrait l'aider à lancer sa carrière? Mia cède en fin de compte et rejoint au dernier moment le trio pour participer un bref instant à la danse. Est-elle libérée de la tentation d'un retrait mélancolique? Est-elle pleinement investie dans cette soirée à paillettes, champagne et sourires hypocrites? Certainement pas! Je pourrais même dire que, cédant en fin de compte aux insistances de ses amies, Mia s'est surtout mise en situation d'un retrait plus radical encore. Le premier plan de

Mia à la *party* montre son inadaptation à ce monde. Encadrée sur un divan par deux jeunes femmes dont la futilité et l'affectation crèvent l'écran, elle paraît vouloir jouer le jeu, tente quelques sourires, mais elle ennuie et les deux futiles l'abandonnent très vite. Un jeune macho en profite pour l'approcher, avec un comportement de vulgaire séducteur, et c'est aussitôt elle qui s'enfuit.

Elle s'isole alors aux vestiaires – littéralement, elle se retire à nouveau du monde. Et elle se regarde dans un miroir, bien sûr. Elle retrace le cercle du reflet qui éloigne l'extérieur. Seule à nouveau, elle fredonne, comme dans la salle de bain. Plus encore : elle chante, et ses paroles évoquent « ce monde qui tourne comme une toupie ». Elle veut tellement échapper à cette folle rotation que l'éclairage décline. Il ne reste plus qu'une lumière centrée sur elle et son reflet, comme si elle était sur scène. Étrange moment, mais si révélateur en même temps de l'ambiguïté de ce retrait du monde et de la mélancolie de Mia : à la fois, elle renonce, mais dans son renoncement même, elle *joue!* Elle fait spectacle, mais pour elle-même – et un peu pour nous, bien sûr.

Mais il faut quitter ce monde, et Mia traverse la foule. Elle porte sur son visage cette profonde mélancolie de l'inadaptation à ce qui l'entoure. Sa marche est lente, mais moins que les gestes des noceurs qui dansent autour d'elle. Ces gestes-là sont ralentis à l'extrême. Ce n'est pas que Chazelle nous propose ici une séquence au ralenti. Ce sont les acteurs qui décomposent leurs mouvements tandis que Mia avance parmi eux, en leur jetant des regards de côté. Les regards de celle qui veut passer inaperçue et en même temps désire tant être déjà ailleurs. Ces plans sont marqués par une étrange déréalisation. Mia est à ce point en rupture avec le monde qui l'entoure que l'apparaître de celui-ci perd toute réalité. La puissance de la mélancolie de Mia fait qu'en fin de compte, c'est le monde lui-même qui est à la fois présent et absent. Si dans le prolongement de la séquence, le monde s'anime à nouveau, c'est seulement dans la mesure où Mia s'esquive, laissant la caméra – qui jusqu'alors la suivait – plonger sans elle dans la piscine avec quelques danseurs audacieux. Mia, elle, se retrouve à l'extérieur, et pour comble de son inadaptation au monde qui l'entoure, sa voiture a été emportée à la fourrière, et la voici qui marche seule dans la nuit de Los Angeles.

Venons-en à Sebastian qui, en matière de retrait et d'inadaptation au monde, n'a pas grand-chose à envier, avant même leur rencontre, à sa future compagne. Sebastian est à la fois inadapté au monde qui l'entoure et marqué par la perte. Perte de ce lieu – le Van Beek Cafe – qui était censé lui permettre de réaliser toutes ses aspirations artistiques. Sebastian prend son café, seul, face à ce paradis perdu, dont nous pouvons nous demander s'il fut jamais. C'est que Sebastian est sans doute du genre à se leurrer, et à nourrir sa mélancolie de ces leurres.

C'est du moins ce que nous incite à penser l'exaspération de sa sœur. Dans la scène qui les oppose dans l'appartement de Sebastian, elle lui reproche ses aspirations obsessionnelles et tout autant son isolement. Il faut dire qu'à la fois, la déférence de Sebastian pour les grands maîtres du jazz tourne au fétichisme – il ne convient pas de s'asseoir sur le tabouret de Hoagy Carmichael, qu'il conserve comme une pièce de musée – et que son appartement a tout d'une thébaïde moderne, refermée sur elle-même, imperméable à l'extérieur! On notera d'ailleurs que les rideaux resteront fermés dans chaque séquence qu'y tourne Chazelle, comme s'il n'y avait pas même le moindre monde extérieur à la lisière de cet appartement. En ce lieu clos, Sebastian se livre à la fois à la lamentation sur son paradis perdu (le Van Beek Cafe), l'expression pathétique de son mépris du monde (un bar samba-tapas, quelle absurdité, c'est l'un ou l'autre!) et l'adoration de ces quelques notes de pur jazz qu'il s'obstine à répéter encore et encore.

Ce retrait et cette inadaptation au monde, si symptomatiques de la mélancolie, se manifestent encore dans la séquence au Lipton's. On comprend que Sebastian, qui est censé y officier comme pianiste de bar, en a déjà été licencié dans le passé et son employeur insiste : pas de *free jazz!* Bien sûr, la rechute est inévitable, comme si Sebastian faisait tout pour être renvoyé à nouveau. On se souviendra que Sebastian glisse lentement d'une guimauve de la liste qui lui a été imposée à un thème profond qui lui est propre et qui deviendra ensuite le « thème de Mia et Sebastian » – c'est en l'entendant depuis la rue que Mia se décide à entrer dans le Lipton's.

La mise en scène et le jeu sur les lumières de Chazelle et de son directeur de la photographie, Linus Sandgren, sont remarquables. Progressivement, il ne reste qu'un spot, quasiment à la verticale, qui éclaire Sebastian au piano. Il l'isole de ce monde vulgaire qui l'entoure et Sebastian se livre tout entier à son improvisation. Lorsqu'il en a terminé, les lumières éclairent à nouveau l'ensemble de la salle et Sebastian se lève triomphalement pour recueillir les applaudissements. Mais c'est le silence embarrassé des clients qui lui répond, comme si décidément il ne faisait pas partie de ce monde – ce que confirme d'ailleurs son nouveau licenciement sur-le-champ par le gérant du restaurant. Le coup de génie de Chazelle et Sandgren consiste en ceci que, pendant que Sebastian se livre à son improvisation, la lumière tombe sur lui de telle manière qu'est éclairé le bocal posé sur le piano pour recevoir les pourboires des clients. Les courbes du bocal reflètent alors l'image de Sebastian. On ne voit que lui et son reflet. Ce plan conjoint ainsi l'effet miroir de la mélancolie, déjà rencontré avec Mia, et une figure de vanité au sens de la peinture classique.

La mélancolie de Sebastian est tout entière dans ce plan. Et pourtant, les séquences que je viens d'évoquer mettent aussi en place un certain nombre d'éléments qui permettront plus tard, non pas de dépasser la mélancolie, encore moins de s'en affranchir, mais bien de lui faire porter tous ses fruits. Après tout, le thème de Mia et Sebastian est improvisé au piano – ou en tout cas, il ne s'agit pas ici d'une étude ou de variations sur un thème de l'un des maîtres du jazz que Sebastian vénère. Au demeurant, il rejouera ce thème lorsqu'il aura atteint le succès artistique qu'il désire. Pour l'anecdote – mais qui n'est pas dépourvue de signification –, on observera aussi que, dans son club, le fameux tabouret de Hoagy Carmichael est exposé… Nous avons ici affaire à des éléments de transformation analogues à ceux que j'ai déjà pointés dans l'histoire de Mia avec, par exemple, les deux occurrences de référence à sa tante comédienne : une première qui la reconduit aux origines heureuses, mais déjà lointaines, la seconde qui lui permet de devenir réellement artiste.

Pour l'instant, cependant, nous n'en sommes pas encore là. Sebastian et Mia sont comme absorbés par leur mélancolie. Et leurs rencontres répétées y contribuent. Il faut d'ailleurs observer que *La La Land* accentue cet aspect de leur relation en se centrant quasi exclusivement sur eux. Les autres personnages ne sont guère développés – les colocataires de Mia, son ami Greg, le scénariste ridicule, la sœur de Sebastian, Keith, le père de Mia, etc. participent tous à l'action, certes, mais le scénario ne leur accorde pas l'attention suffisante pour qu'ils constituent un monde autour des amants. Il n'y a aucun monde autour d'eux qui ait une réelle densité, précisément parce qu'ils sont toujours en train de s'en abstraire.

Leur troisième rencontre (après celle de l'autoroute et du Lipton's) démontre combien leur relation est celle de deux mélancolies qui se reconnaissent. Mia participe à nouveau à une *party*, cette fois sous le chaud soleil d'une fin d'après-midi. Au comportement qu'elle adopte dès le début de la séquence, on comprend bien qu'il y a là de sa part encore une fois un effort pour tenter de prendre place dans ce monde qui pourrait lui ouvrir des portes. Une amie la hèle, allongée sur un transat au bord de la piscine – toute cette séquence évoque le *Boogie Nights* de Paul Thomas Anderson – et lui présente le scénariste ridicule que j'ai déjà évoqué plus haut. Face à la suffisance de celui-ci, qui se réjouit sans vergogne de son succès supposé, Mia s'enfuit très vite sous le prétexte d'aller se chercher un verre. C'est alors qu'elle reconnaît Sebastian, lequel ne semble pas en meilleure posture qu'elle – que du contraire! Affublé d'une veste rouge et d'un pantalon à pinces jaune des *eighties*, il joue sur un *keyboard* dans un groupe de *cover*. Immédiatement, il apparaît inadapté à ce contexte – lui, le pianiste de jazz « sérieux », comme il le revendiquera lui-même. Il faut bien vivre...

Un peu plus tard, ils se retrouvent tous les deux, mais précisément à l'écart de la fête. Leurs échanges sont interrompus par le chanteur du groupe *cover* – une nouvelle irruption d'un monde pour lequel ils n'éprouvent sans doute que du mépris. Ce n'est évidemment pas un hasard si c'est en quittant la fête – à nouveau! – que Mia et Sebastian se rapprochent l'un de l'autre. Comme seuls au monde, ils déambulent sur les routes qui traversent Griffith Park, jusqu'au *Cathy's Corner*. Loin de l'agitation de ce monde qui tourne fou, ils peuvent fredonner, bientôt chanter et finalement danser. Comme des amateurs toujours, bien sûr. Le point de vue que leur offre ce lieu nourrit leur mélancolie et la teinte déjà d'une ambiguïté : la ville est belle, mais vue de loin. Ou pour le dire dans l'ordre inverse : il leur convient de s'abstraire du monde, de le contempler de haut et le monde leur apparaît alors magnifique dans le scintillement des lumières de Los Angeles au crépuscule.

Mia et Sebastian sont-ils des chanteurs et danseurs mélancoliques au moment même où ils semblent rejoindre – pour la première fois dans le film, notons-le bien – les régions fantastiques de la comédie musicale? Oui, bien sûr, leur mélancolie n'a aucune raison de s'effacer, elle nourrit encore ce moment qui pourrait être un moment de grâce. Non seulement ils se sont retirés, non seulement ils portent un regard de loin sur le monde agité à leurs pieds, mais surtout, ils chantent encore une déception. Même si leur attirance réciproque est ici déjà une évidence pour le spectateur, qui s'en amuse forcément, nous n'avons pas tout à fait affaire à cette situation de comédie classique dans laquelle les futurs amants s'aiment déjà tout en se claquant au visage qu'ils se détestent, ni à cette variante raffinée où chacun sait qu'il aime l'autre, mais se refuse encore à le lui avouer. Des scènes de ce type amusent classiquement le spectateur à la fois parce qu'il est touché par les personnages et parce qu'il en sait au fond plus qu'eux. Or, en sait-on vraiment plus que ces deux mélancoliques sur leur relation? Il semble en tout cas que dans cette séquence Mia et Sebastian prétendent à un niveau de conscience supérieur à celui des classiques amants de comédie. « *What a Waste of a Lovely Night* », chantent-ils. Ils ne sont pas seulement en désaccord, ils n'ignorent pas seulement (ou feignent d'ignorer) leur attirance réciproque. Ils posent plus précisément – et en cela, ils sont tout à fait d'accord – que la soirée est magnifique, que l'endroit est splendide et pourrait être le décor idéal pour une romance naissante, mais que tout cela est pourtant du gâchis. Il ne s'agit donc pas seulement de dire, et finalement de chanter, qu'ils ne sont pas faits l'un pour l'autre, ou qu'il n'y a aucune aimantation entre eux, mais de souligner, mélancoliquement, que c'est bien dommage! Ce qu'offre l'instant aurait pu être magnifique, ce qu'offre le lieu aurait pu être splendide, si tout cela n'était pas en fait déjà gâché avant même d'être. Leur amour naissant n'est pas seulement retardé, il est d'emblée marqué – y compris dans le chant, y compris au moment où ils s'essaient eux-mêmes pour la première fois à la comédie musicale – par le sentiment mélancolique de ce qui a été manqué, raté, biffé. Le monde est-il donc un gâchis? Oui, il l'est, sous le regard de ces mélancoliques que sont Mia et Sebastian – un monde où le Van Beek Cafe devient un Samba-Tapas Bar et où les castings paraissent perdus d'avance est un immense gâchis au regard de leurs passions et de leurs ambitions artistiques.

Et pourtant, *La La Land* est évidemment une comédie, où le spectateur sourit beaucoup et même rit. Je manquerais à ma tâche si, écrivant un chapitre sur *La La Land*, avec inévitablement quelque sérieux analytique, j'en arrivais à occulter cette dimension souriante et même éminemment joyeuse de l'œuvre de Chazelle. Je serais d'autant plus coupable si la mélancolie des personnages me servait, volontairement ou non, de paravent pour dérober à la vue les sourires qui traversent en même temps tout le film. C'est que, les Anciens le savaient déjà, il n'y a nulle contradiction entre la mélancolie et le rire!

Certes, Sebastian rit peu. Il pourrait même devenir pontifiant s'il n'y prenait garde. Il y a là sans doute quelques traces d'un ancien état du scénario dans lequel, selon le témoignage même de Damien Chazelle, Sebastian était lassant et excédait même ses interlocuteurs à force de traditionalisme et de purisme, expression d'un ego sans limite. Dans sa version finale, le scénario est nettement plus nuancé. Sebastian est capable de second degré : lorsqu'il crie à l'adresse de sa sœur qu'il est un phénix qui renaitra toujours de ses cendres; lorsqu'il retrouve « par hasard » Mia au café de la Warner en lâchant un « *you again!* » qui ne la trompe pas plus que nous; lorsqu'il s'amuse de la situation dans « *What a Waste of a Lovely Night* ».

Dans la même séquence, Mia n'est d'ailleurs pas en reste. Elle est tout aussi capable de se moquer de Sebastian lorsqu'elle demande au groupe de *cover* de reprendre la chanson « *I Ran* », dont elle sait que l'accompagner sur son *keyboard* sera un supplice pour l'orgueilleux Sebastian. Mais c'est dans « *Someone in the Crowd* » que le sourire de Mia est sans doute le plus saisissant. Elle refuse d'accompagner ses colocataires – « je dois travailler » – mais en même temps se prête pour une part à leur jeu. Elle ne danse pas à proprement parler, elle ne chante pas, mais répond, même si c'est avec une distance un peu affectée, à leurs mouvements, à leurs initiatives chorégraphiques. Elle semble presque traverser l'appartement en tous sens avec elles. Bien sûr, en fin de compte elle s'échappe, et se glisse dans sa chambre au moment où ses amies s'apprêtent à sortir. Lorsque Mia leur a lancé, en guise de conclusion – il est vrai, très provisoire – son « *I think I stay behind* », ce fut dans un sourire, dont on ne sait s'il est de connivence ou de prise de distance, encore une fois. Cela semble indécidable et c'est bien ainsi. Ne l'oublions pas, cependant : l'expression la plus directe de la mélancolie de Mia se formule dans un sourire.

Donc, le mélancolique est souriant, et souvent même il rit. Je disais que les Anciens l'avaient compris. Le premier des mélancoliques, bien avant que cet affect n'envahisse la modernité, ne fut autre que Démocrite, qui s'était retiré du monde pour penser et connaître, et nourrissait quelque désillusion sur le monde, le sourire au coin des lèvres. Que l'on me permette ici à nouveau d'invoquer les travaux de Jean Starobinski, lequel a consacré un très beau texte au « rire de Démocrite »[1]. Démocrite rit, et c'est d'ailleurs pour cette raison qu'on le confia au premier des médecins, Hippocrate. Voici ce qu'écrit Starobinski : « Démocrite s'est établi dans la solitude, à l'écart de la ville d'Abdère. Il rit indifféremment de tout. Ses compatriotes

1. *Cf.* J. Starobinski, « Le rire de Démocrite », dans *L'encre de la mélancolie*, Paris, Seuil, 2012, p. 165-184.

le tiennent pour fou et, souhaitant ramener à la raison leur grand homme, ils appellent le secours d'Hippocrate... Telle est la fiction qui se développe au long des lettres apocryphes qui nous ont été transmises avec le *corpus* hippocratique »[1].

La fiction hippocratique soutient celle de *La La Land*, en somme – si l'on m'autorise ce saut quelque peu périlleux au-dessus de l'anachronisme, de la culture et des arts. C'est une fiction qui nous conte le rire de Démocrite et le secours que l'on allât chercher auprès de l'auguste médecin. Une fiction qui dit si bien ce qu'est le rapport aux autres dans la mélancolie. Le retrait et le rire suffisent à être incompris. Mais le rire de Démocrite, s'il s'apparente au sarcasme, ne le laisse pas lui-même indemne. C'est aussi de lui-même que rit Démocrite. Sa mélancolie ne signifie nullement qu'il s'abstrait du monde dans une parfaite indifférence. Bien plutôt, cet écart creuse les conditions mêmes d'un rapport intensifié : « c'est le jeu des contraires. L'écart et le lien : la voix satirique est celle d'un homme qui a pris ses distances, mais qui, dans son isolement, se retourne contre la société pour la fustiger »[2]. Soit, mais cette intensification du lien implique aussi celui qui fustige, car, puisqu'il n'est pas tout à fait abstrait du monde, même sur le mode de l'écart, il lui appartient encore. Le rire ne peut déferler qu'en entraînant avec lui quelque joyeuse autodérision : « La négativité satirique avive le rapport avec les autres, plutôt qu'elle ne l'abolit. En se retournant contre soi-même, [...] l'auteur satirique nie sa propre importance. Ainsi réduit à néant, il peut tout dire, sur lui-même et sur le monde »[3].

Le terme de satire semblera sans doute un peu forcé pour *La La Land* – quoique... le traitement des fêtes, le ridicule des starlettes, la suffisance pathétique du scénariste qui veut faire une série de « Boucle d'or » etc., peuvent nous en approcher. Mais surtout, ce qui m'importe ici, c'est que le mélancolique est impliqué dans son propre rire. Et

1. J. Starobinski, « Le rire de Démocrite », *op. cit.*, p. 165.
2. *Ibid.*, p. 169.
3. *Ibid.*, p. 170.

après tout, lorsque Mia dit justement dans un sourire « *I think I stay behind* », rit-elle seulement de celles qui se jettent en avant ou aussi d'elle-même qui cède au confort du retrait?

Cette capacité du mélancolique à rire ou du moins sourire de lui-même jouera un rôle décisif dans les derniers plans du film. Mais déjà ici, nous devons prendre acte du fait que le rire de Mia, et parfois de Sebastian, est aussi une prise de distance par rapport à soi-même. Se pourrait-il que dans cet écart intime de la mélancolie vienne se loger quelque chose comme la possibilité d'une dynamique créatrice?

Tout au long du film, Mia et Sebastian jouent de leur enthousiasme créateur. Leur mélancolie en est au fond l'envers. Les échecs, les retraits, les évitements ne prennent sens que relativement à leur féroce enthousiasme de création. Enthousiasme de Sebastian lorsqu'il évoque le jazz qu'il aime et auquel il veut donner une réelle liberté de création. Enthousiasme de Mia qui sans cesse repart au combat, se confronte à de nouveaux directeurs de casting et en ressort avec de nouvelles humiliations. Il y a de l'enthousiasme aussi bien dans l'admiration qu'ils nourrissent l'un et l'autre pour les films qu'ils citent, qu'ils jouent pour eux-mêmes *(Rebel Without Cause)*. Il y a de l'enthousiasme quand ils longent en silence une scène de tournage ou quand Mia, comme dans un soupir, dit « J'adore ça » après avoir contemplé l'effervescence des préparatifs de tournage dans un studio. La volonté créatrice qui les anime tous les deux est le fondement de leur mélancolie – les références qui inspirent enlisent en même temps. Mais inversement, peut-on soutenir que la mélancolie est le fondement de l'enthousiasme? À mon sens, oui, c'est bien ce que *La La Land* met en scène, comme je voudrais le montrer dans les dernières pages de ce chapitre.

On ne peut nier que c'est à la fois leur mélancolie et leur enthousiasme créateur qui unissent Mia et Sebastian. Si leur mélancolie respective les unit dans un certain retrait du monde – y compris spatialement, dans la séquence de la *party* de jour et dans la séquence de « *What a Waste of a Lovely Night* » qui la prolonge –, c'est leur enthousiasme qui, en même temps, transforme *Rebel Without Cause* en une esquisse de comédie musicale dans les mêmes décors. C'est encore leur enthousiasme qui leur permet de se soutenir l'un l'autre : Mia conçoit le logo pour le club de jazz de Sebastian – un logo dont il ne voudra d'abord pas (trop piégé par sa référence à Charlie Parker), mais qu'il retiendra en fin de compte; Sebastian pousse Mia à écrire sa pièce et à la jouer. Ainsi, les séquences qui mettent en scène leur amour – l'Observatoire du Griffith Park, et le début du chapitre « *Summer* », culminant dans la seconde séquence au Lighthouse Cafe – sont-elles dominées par cet enthousiasme jubilatoire, où il semble que tout est possible aux amants et que la création du spectaculaire (au sens le plus noble) est enfin possible.

Pourtant, l'irruption de Keith, au si bref climax de leur amour, change déjà la tonalité, instille le doute. Le double moment pivot – l'unité passionnée du spectacle et du spectateur que les amants incarnaient un instant avant, et la menace que Keith fait déjà peser sur leur couple créateur – ne disqualifie pas la dynamique créatrice qui s'est mise en place, mais la rappelle à son fondement mélancolique. Toutes les séquences qui suivront, jusqu'à l'épilogue, teintent à nouveau de mélancolie leurs efforts créateurs. Il y a eu pivot, cependant, et de manière évidente. Jusque-là, la mélancolie l'emportait dans sa puissance enlisante sur l'enthousiasme créateur qu'ils s'efforçaient d'épanouir. Après que leur couple s'est formé, les efforts créateurs dominent l'image, mais ils restent en même temps nimbés de mélancolie. L'histoire de leur couple dans la seconde partie du film est celle d'une lente déconstruction qui joue comme contrepoint d'un mouvement créateur qui ira pourtant à son terme. Nous sommes désormais entre chien et loup. Dans une demi-pénombre ou un jour aux couleurs mordorées. Toutes les actions des personnages comme leur mise en scène témoignent de la prégnance de la mélancolie au lieu même de la création.

Nous nous souvenons des attitudes de retrait de Mia et Sebastian. Les voici à nouveau qui accompagnent intimement leurs efforts d'artistes. Pensons au premier concert de Sebastian avec le groupe *The Messengers*, dont Keith est le chanteur. Comment ne pas noter d'abord la réserve que Sebastian affecte en jouant, tout en sourires d'autodérision et en nonchalance. Que ce soit à ce moment ou à d'autres, Sebastian apparaîtra toujours un peu en marge du groupe, pas tout à fait investi – ainsi lorsque, par exemple, il oublie la séance photo planifiée pour la promotion du groupe. Mais revenons au concert lui-même. L'attitude de Mia est aussi tout à fait frappante. Le sourire peut paraître figé, mais elle se veut manifestement bienveillante pour la carrière de son compagnon. Cependant, très vite, son regard témoigne d'une inquiétude – celle qui s'exprimera plus tard, dans la scène de rupture : Sebastian joue-t-il vraiment ce en quoi il croit? Mais surtout, Damien Chazelle filme un moment d'hésitation de Mia, qui se révèle être un retrait. Alors que la foule pousse vers la scène, vers ce groupe qu'elle acclame déjà, Mia, elle, paraît reculer, et finalement elle se retourne. Chazelle saisit ainsi des mouvements contraires qui manifestent le désir de retrait et même de disparition de Mia. La mélancolie ne l'a pas quittée, évidemment!

Au demeurant, lorsqu'elle s'efforce elle-même de créer, c'est aussi en mobilisant cette si profonde mélancolie qui la porte. Elle écrit un *one-woman-show*, encouragée par Sebastian. Nous ne saurons jamais précisément quel est le contenu de cette pièce. Si ce n'est qu'il est inspiré par sa tante, celle qui fut comédienne comme Mia veut le devenir, celle avec qui elle *rejouait* des films ou des pièces quand elle était enfant. La pièce achevée, elle la joue devant Sebastian, mais là encore nous n'en entendons rien – ou presque : tout juste le « The End », tandis que Mia éteint une lumière, comme elle le fera sur scène. La pièce ne sera jamais pour nous, spectateurs de *La La Land*, qu'un texte qui s'efface et une pénombre qui revient. Mia est bien sûr consciente de cette dimension mélancolique et elle s'inquiète de ses excès auprès de Sebastian : « Ce n'est pas trop nostalgique? ».

La représentation sera un échec, qui résonne pour elle comme une fin imposée à ses aspirations d'artiste. Elle décide aussitôt ce qui pourrait être l'ultime retrait, comme celui de Démocrite, sans doute, mais pour l'instant sans le moindre sourire. Elle arrête tout, décide de rentrer chez elle, dans le Nevada, dans ce lieu retiré qu'est sa ville natale de Boulder City. Se retirer du monde, en effet. L'enthousiasme a-t-il disparu? Un déséquilibre s'est-il imposé qui a emporté l'enthousiasme créateur? La mélancolie de Mia l'entraîne-t-elle loin des scènes et des écrans, en une rechute dans ce qu'était sa vie avant la rencontre avec Sebastian? Nous pourrions le croire. En effet, la mélancolie laissée à elle-même n'est rien d'autre que la mort du désir, de tout désir. Et Mia, revenue à Boulder City, l'avoue à Sebastian : elle a perdu l'envie. Vraiment? Le lendemain matin, elle repartira pourtant à Los Angeles avec Sebastian pour tenter un dernier casting, celui qui lui ouvrira les portes du succès.

La perte d'envie n'était donc qu'une menace qui pesait sur l'enthousiasme, comme s'il ne pouvait renaître à nouveau que du risque d'être étouffé. Mais s'il n'étouffe pas, il fonde et il nourrit. Lorsque Mia passe cette audition décisive, elle donne libre cours à sa puissance créatrice, celle-là même qui la conduit au chant. Or, que chante-t-elle? L'histoire de sa tante, l'histoire d'un passé qu'elle reprend, qu'elle répète encore. Son enthousiasme porte sa mélancolie, mais en la transformant. L'histoire de la tante qui saute dans la Seine à Paris en plein hiver devient une apologie de l'artiste et de sa folie – qui est ici comme un autre nom de l'enthousiasme. Mais d'un enthousiasme qui se répète autant qu'il s'invente : *again*… La tante était prête à sauter à nouveau dans la Seine, et Mia veut être cet « à nouveau ». La subtilité du propos de Mia est saisissante. Car comment peut-elle chanter cela sans succomber à la mélancolie? La réponse est toute simple : elle omet de dire quelque chose d'essentiel, à savoir précisément que sa tante était comédienne – ce que nous savons par la première occurrence de l'histoire de la tante, lorsque Mia l'a racontée à Sebastian. Elle ne doit pas chanter ici que sa tante fut comédienne, alors même qu'elle conte à nouveau son histoire, et cela parce que la comédienne, c'est elle désormais, Mia! Créatrice mélancolique[1].

1. Pour une analyse différente de cette séquence, nous renvoyons à B. Rivière, « Place au rythme! Enjeux de structurations esthétiques dans les *musicals* hollywoodiens », dans N.T. Binh et J. Moure (éd.), *Le musical hollywoodien. Histoire, esthétique, création*, Bruxelles, Les Impressions Nouvelles, 2021, p. 337-339.

Cette même ambiguïté, nous l'avons perçue peu de temps avant chez Sebastian. Seul depuis que Mia l'a quitté et paraît s'être retirée du monde pour de bon, il joue du piano au mariage de sa sœur. La tonalité de la partition est très mélancolique, comme marquée par la solitude et la perte. En fait, il revisite ainsi un passage de « *Someone in the Crowd* », précisément celui par lequel Mia se retirait de la fête. Sebastian est lui aussi en retrait. Mais il est au piano et il joue. Il est certes dans la même situation que lors de son second renvoi du Lipton's, clos sur lui-même, abstrait de ceux qui l'entourent. Mais cette fois, alors même qu'il se livre à sa mélancolie, les applaudissements retentissent et il salue dans un sourire. Au Lipton's, le silence gêné l'avait rendu à sa vanité. Ici, quelque chose a touché le public, sa mélancolie a été créatrice.

Ces demi-teintes de la mélancolie et de l'enthousiasme dominent toute la seconde partie du film – même si, au demeurant, elles perçaient déjà par moments dans la première. L'un des plus beaux de ces moments est l'interprétation par Mia et Sebastian, ensemble, de « *City of Stars* ». Chazelle cadre Sebastian au piano, devant les rideaux tirés de son appartement, baignant dans une étonnante lumière verte. Mia entre dans l'appartement. Elle est d'abord éclairée d'une lumière orange, mais elle rejoint bientôt Sebastian et s'assied à ses côtés. Elle est à son tour baignée par cette lumière verte. Ils chantent en duo, un duo qui sera suspendu (mais pas la musique) par des séquences d'insert qui nous montrent qu'ils se sont désormais lancés pour de bon dans leurs activités d'artistes, mais aussi qu'ils s'éloignent l'un de l'autre – c'est d'ailleurs dans l'une de ces séquences insérées dans « *City of Stars* » que Mia passe devant le Rialto Theater, à présent fermé. Si leur duo chante encore leur amour, celui-ci est déjà en train de s'effacer.

La lumière verte donne une tonalité étrange, renforce l'impression d'une ambiance de perte, de disparition, presque de mort. Le cinéphile ne peut que l'associer à cette même lumière verte que Hitchcock avait voulu pour la séquence de l'Empire Hotel dans *Vertigo*. Et de fait, de l'aveu même de Damien Chazelle, c'est après avoir revu *Vertigo*, qu'il a demandé à Linus Sandgren d'éclairer de la même manière la scène de

« *City of Stars* » en duo. La lumière verte accompagne douloureusement, pour Scottie, le désir du révolu et matérialise à l'écran le sentiment de mort qui l'envahit. Dans la séquence de Chazelle, ce même vert dit déjà que les choses meurent – y compris cet amour qui se chante encore –, et que, même en créant, on n'échappe jamais à la mélancolie.

Chazelle et Sandgren éclairent de la même manière une seconde séquence, celle de la rupture entre les deux amants. Le réalisateur choisit une séquence longue, figée dans un champ contrechamp qui apparaît classique, mais qui permet surtout de saisir au plus près la décomposition du couple – sa disparition dont les conditions, les motifs, l'occasion ne sont autres que l'enthousiasme créateur qui les entraîne dans des voies différentes et les sépare. Bien sûr, cet enthousiasme n'est pas indemne de doutes, et la perte de l'envie menace. C'est donc aussi bien leur mélancolie que leur enthousiasme qui les séparent, et cette séparation continuera de nourrir l'un et l'autre sentiments, l'un et l'autre mouvements.

Si l'éclairage inspiré de Hitchcock joue un rôle essentiel dans cette séquence, contribuant à l'ambiguïté mélancolique de la création de Mia et Sebastian, il faut noter que Chazelle et Sandgren recourent à bien d'autres moments à une ambiguïté maîtrisée de la lumière. Sandgren a convaincu Chazelle de s'inspirer, dans certains plans, des photographies de Gregory Crewdson, grand photographe américain contemporain, connu pour ses images très élaborées, littéralement mises en scène, et qui veulent saisir un envers de l'existence américaine, dans des crépuscules bleutés où errent des vies souvent solitaires. La mise en scène de Chazelle utilisera à plusieurs reprises un éclairage de ce type, en exploitant tout autant ses ressources mélancoliques qu'en appuyant son esthétisme. Il en va ainsi dans la séquence – très belle plastiquement, en effet – où Mia est forcée de parcourir à pied plusieurs rues de Los Angeles, quasiment désertes. Elle est ainsi, elle qui vient de se retirer de la fête où elle avait été entraînée, livrée à sa solitude, perdue dans une ville qui lui semble sans doute de plus en plus étrangère à ses aspirations.

Dans de nombreuses séquences, la même lumière sera utilisée, avec la même tonalité, mais pour accompagner tantôt un moment quasiment créateur (« *What a Waste of a Lovely Night* »), un moment méditatif ou inquiet (quand Mia rentre seule à leur appartement, croyant que Sebastian est en tournée) ou même un moment d'enthousiasme (lorsque Mia s'est libérée du repas avec Greg et court seule au milieu d'un boulevard pour rejoindre Sebastian au Rialto Theater), etc. Toutes ces séquences sont marquées de l'ambiguïté qui est au cœur de *La La Land* : les moments de solitude et de mélancolie sont aussi des moments où la mise en scène jouit de sa beauté, et les moments d'enthousiasme sont en même temps baignés dans un crépuscule vide, indécis comme un bleu qui brille et engloutit tout à la fois.

Cette ambiguïté atteint son paroxysme dans les dernières séquences, celles de l'« épilogue ». Mia et Sebastian sont désormais des créateurs, des artistes accomplis et reconnus. Elle est devenue une star du grand écran, lui joue dans son propre club de jazz. Nous ne verrons pourtant à peu près rien de leurs succès. Nous les retrouvons « cinq ans après ». Leurs retrouvailles fortuites au « Seb's » ravivent le souvenir de leur couple. Mais ce que crée ce face-à-face, que ce soit à travers le regard rêveur de Mia ou l'émotion de Sebastian qui joue leur thème au piano, c'est une fantasmagorie – une seconde vie, celle qu'ils n'ont pas eue, alors même qu'ils sont devenus ce qu'ils ambitionnaient d'être.

Ce long épilogue est en effet une reprise et en même temps une conclusion – en somme, il joue le rôle d'une *coda* grandiose pour clore ce qui n'était pas tout à fait une symphonie, pas tout à fait une comédie musicale, en tout cas. La reprise des thèmes musicaux se joue par un déplacement des épisodes narratifs. Les choses se transforment dès leur première rencontre consciente, au Lipton's (même s'ils étaient d'abord l'un et l'autre dans l'embouteillage de « *Another Day of Sun* »). En quittant son piano, cette fois, Sebastian ne passe pas outre les compliments de Mia en la bousculant, mais l'enlace. Leur baiser est filmé par une caméra qui tourne autour d'eux, les encercle comme si elle s'unissait à eux. La mise en scène de Chazelle produit un baiser de cinéma. Ce cercle dessiné par la caméra autour des amants est bien entendu une reprise directe de Hitchcock, dont jouait déjà Brian De Plama dans *Obsession*.

Chazelle nous l'annonce ainsi d'emblée : cette autre vie est une vie de cinéma. Celle qu'ils ont entrevue en déambulant devant un studio en effervescence : le décor qui y était en construction se retrouve dans l'une des séquences de cet épilogue. Tout découle de là. Les différents épisodes de leur vie de couple sont transformés, certains sont totalement inventés aussi – ceux qui auraient dû avoir lieu les cinq années précédentes, s'ils ne s'étaient pas séparés définitivement après l'audition décisive de Mia. Dans cette fantasmagorie, lorsque Keith s'approche de la table de Mia et Sebastian au Lighthouse Cafe, celui-ci le repousse comme par jeu et ni Keith ni *The Messengers* ne jouent aucun rôle dans cette nouvelle histoire. La pièce de Mia est un succès et, bien entendu, Sebastian est dans la salle. L'audition de Mia qui la conduira au succès apparaît en ombres chinoises et le couple reste soudé : Sebastian suit Mia à Paris pour son tournage et il y joue au Caveau de la Huchette. Tous deux sont comme emportés par le succès.

Un moment de pause, à présent. Les voici qui s'assoient ensemble devant un écran – pour la première fois sous nos yeux, depuis le Rialto Theater et la projection de *Rebel Without Cause*. Un film de famille est projeté sur l'écran. Le film de leur vie, de leur couple, de leur enfant. Mia et Sebastian, dans cette fantasmagorie qu'est l'épilogue de *La La Land*, sont à la fois spectateurs devant l'écran et eux-mêmes spectacle projeté. Nous savons, depuis « *Another Day of Sun* », que cette configuration est celle de la pure comédie musicale. Celle qu'ils ne connaissent pas dans leur parcours réel, mais qui emporte les séquences rêvées de l'épilogue. Les épisodes repris et déplacés de la narration sont à présent tous portés par la musique de Justin Hurwitz, sans reste. Cette vie fantasmagorique, cette vie qui n'a pas été, *est* comédie musicale. C'est d'ailleurs dans ces séquences que se concentre le plus grand nombre de références visuelles aux comédies musicales américaines classiques. Le film se confond totalement avec sa bande-son musicale, comme le montre très clairement Damien Chazelle en faisant entrer son image dans le son – je pense évidemment à ce travelling avant qui semble faire entrer la caméra dans l'instrument d'un trompettiste de jazz au Caveau de la Huchette.

Mais l'existence de Mia et Sebastian n'est pas une comédie musicale, et nous revenons bientôt dans le club de jazz de Sebastian, comme Mia revient de son rêve, de leur rêve. Pourquoi fallait-il ces séquences fantasmagoriques? Ils ont connu tous deux le succès et leur rencontre même au Seb's en témoigne. Ils sont devenus les créateurs qu'ils voulaient être tandis qu'ils s'enlisaient dans leurs références et leurs vénérations. Mais créateurs, ils ne le sont que par la mélancolie, encore. Ils ne le sont, même à ce moment d'accomplissement, que parce qu'autre chose aurait pu être, une autre vie qui aurait été possible, peut-être, mais qui est une fantasmagorie. C'est-à-dire que ces séquences sont indispensables pour dire, au cœur de la création, la mélancolie qui la nourrit. Il n'y a pas de création sans le sentiment que quelque chose a été perdu. L'échec de leur amour est cette perte et dans les séquences de l'épilogue, cette perte est paradoxalement présente, elle vient donner sa tonalité mélancolique à la création. L'ambiguïté perdure et se relance à l'infini. La perte n'est rendue présente que par la comédie musicale. Cette forme, qui était, dans la première séquence, mise en évidence, abstraite du film tout en s'y inscrivant encore, la voici qui, pour conclure *La La Land*, prend en charge la perte, l'absence, mais pour la rendre présente. Cette ambiguïté tient donc à ce qu'il ne peut y avoir de création que dans le dédoublement de la vie, qui s'enthousiasme et se souvient en même temps de ce qui s'est effacé. L'épilogue permet qu'il y ait deux vies, celle qu'ils ont vécu et celle qu'ils ont manqué – et ce n'est qu'à ce prix qu'il peut y avoir création pour Mia et Sebastian, comme ce n'est qu'à cette condition qu'il peut y avoir la création de *La La Land*. Ce sont ces deux composantes, et ces deux vies, celle de la fantasmagorie et celle d'un couple qui se perd dans la création même, que raconte et met en scène l'épilogue. La vie de Mia et Sebastian se dédouble car dans la création, nous n'avons jamais une seule vie. L'enthousiasme de la création est lui-même mélancolique.

La La Land est à la fois une comédie musicale et ne l'est pas. Tout en étant mise en scène jouant librement avec les références, *La La Land* montre aussi le long chemin de création qu'il faut parcourir, périlleux sur les crêtes de l'enthousiasme et de la mélancolie. Si l'œuvre de Chazelle joue de la comédie musicale dans son écart maintenu avec l'histoire de Mia et Sebastian, c'est qu'elle est en même temps les deux, puisque tout en mobilisant la forme de la comédie musicale, elle raconte une histoire qui ne s'y réduit pas.

Les derniers plans de *La La Land* sont admirables. Revenus de la fantasmagorie, nous observons Sebastian qui joue les dernières notes de ce thème qu'il avait déjà joué au Lipton's et qui n'avait été salué que par le silence embarrassé de l'assistance. Cette fois, les applaudissements retentissent. Sebastian a *joué* la mélancolie, sans aucune vanité, mais avec le sentiment profond de la perte. Il a été artiste en cet instant. Mia se lève et s'éloigne, elle quitte le Seb's. Mais au dernier moment, elle se retourne vers la scène et Sebastian lève le regard vers elle. Leurs visages portent l'émotion de la perte. Mais bientôt un sourire s'esquisse. Et même : regardez bien, deux légers signes de tête, qui sont peut-être des « au revoir », mais surtout un double acquiescement. Chacun sait, en cet instant, qu'il n'y a pas de création sans cette mélancolie. Cette mélancolie qu'ils conservent en se reconnaissant, cette mélancolie qui a encore la force du rire. En se souriant, n'est-ce pas d'eux-mêmes qu'ils rient? De leur histoire, ou plutôt de leurs histoires? Souvenons-nous de Démocrite, qui riait tout le temps, y compris de lui-même. Il faut savoir rire mélancoliquement de soi pour suivre son enthousiasme d'artiste – lequel est, en somme, « en retard » sur ce qui est manqué.

On a beaucoup dit que cette scène des « retrouvailles » impromptues devait son inspiration aux dernières séquences des *Parapluies de Cherbourg*. Sans doute. Mais la différence – qui, à mon sens, plaide pour *La La Land*, pour sa complexité et sa richesse – réside dans ces sourires échangés. Dans *Les parapluies de Cherbourg*, l'émotion, intense et belle, naissait de la perte définitive d'une vie commune. Les anciens amants se tournaient le dos, sans que cette perte ne puisse encore créer.

Dans *La La Land*, le sourire mélancolique, la reconnaissance intime et même douloureuse de la perte, est forcément une relance créatrice. Mia quitte le *Seb's*. Sebastian reste au piano et lance à ses musiciens un « one, two – one, two, three, four… ». Au moment où devraient retentir les notes d'une nouvelle musique, c'est un « The End » qui apparaît sur l'écran, en point d'orgue de la musique extradiégétique. La fin et le commencement se confondent parfaitement. La mélancolie de la perte est le fondement d'une création qui se reprend, qui se répète. Et *La La Land*, qui fut tout du long une création parce qu'il est *re*création, laisse la place à de nouvelles émotions cinématographiques : *another day of sun – again!*

conclusion
l'insondable origine

« Profond est le puits du passé. Ne devrait-on pas dire qu'il est insondable? ». C'est par ces mots que s'ouvre la tétralogie de Thomas Mann, *Joseph et ses frères*[1]. Dans un long prélude intitulé « La descente aux enfers », l'auteur médite sur l'origine enfouie, la strate ultime de toute narration. Or, cette méditation se déploie précisément depuis l'après. C'est ainsi parce que Mann raconte une histoire qui a déjà été racontée – par l'Ancien Testament, mais aussi par les personnages qui se racontent sans fin ces histoires dans ce qu'ils nomment « les beaux entretiens » – que la question de l'origine est essentielle. Quel est donc le rapport entre l'histoire que l'on raconte à nouveau et son origine? Quelle est ici la relation entre la création littéraire de Thomas Mann qui se pose immédiatement dans un retard assumé et ce qui est enfoui mais dont émerge pourtant la recréation? Le puits est insondable et tout le roman le démontrera. Si la question de l'origine doit être posée, c'est pour s'ouvrir sur un abîme, un manque premier et indépassable, un fond qui s'effondre, un sol qui recule à l'infini. Robert Burton nous montrait que nous ne disons rien qui n'a déjà été dit et il en concevait quelque mélancolie. Au terme de cet essai, je lis chez Thomas Mann une idée très proche, mais qui s'accentue différemment. *Joseph et ses frères* donne à voir la relation de l'après à l'origine comme

1. Th. Mann, *Les histoires de Jacob* (*Joseph et ses frères*, I), trad. fr. de L. Vic, Paris, Gallimard, 1935, p. 7.

une perte d'équilibre, un vertige créateur, une mélancolie qui soutient l'enthousiasme par son vide même.

Or, c'est bien le cinéma qui m'a mené d'une littérature à l'autre. L'angoisse de l'origine est l'une des directions de sens du vertige de Scottie. Confronté au mystère de Madeleine, si savamment construit par le premier manipulateur et démiurge qu'est Gavin Elster, le héros manipulé se convainc qu'il pourrait lever le voile s'il trouvait « la clé, l'origine » de l'errance de Madeleine. Mais c'est précisément en cherchant à *saisir* cette origine, ce fond du puits, qu'il perd Madeleine dans les hauteurs, inaccessibles pour lui, du clocher de San Juan Bautista. En cherchant en vain dans les tréfonds, il se condamne en même temps au déséquilibre dans les hauteurs. Il reprendra pourtant son effort d'élucidation en courant sa seconde chance – toujours en vain, mais au prix d'une création, de la recréation de Madeleine. Parvenu avec elle dans les hauteurs, enfin, il la voit disparaître à nouveau dans les tréfonds. Son acte de recréation ne maîtrise décidément ni le bas, ni le haut, ou plutôt se meut toujours, en perpétuel déséquilibre, entre l'un et l'autre. Les rêves de puissance et de liberté d'Elster deviennent chez Scottie une prétention à englober le tout par le regard et l'image. Dérision d'une scène annonciatrice de l'ambiguïté des derniers plans : c'est en s'exerçant à monter sur un escabeau de cuisine pour vaincre son vertige que Scottie proclame sa prétention au regard englobant : « *I look up, I look down* », répète-t-il dans cette modeste ascension – du moins, jusqu'à que ce que le vertige le reprenne et le précipite dans la perte de conscience. Pas de clé, pas d'origine, et donc pas plus de maîtrise, mais l'effort répété de la recréation. Tout s'est joué avant, mais dans une origine qui n'offre aucune prise – le puits du passé est bien insondable et au-dessus de cet abîme, l'équilibre est instable. En créant *après*, on *re*crée dans le défaut de ce qui a précédé – un défaut qui génère autant de mélancolie qu'il excite l'enthousiasme. Que ce soit sur le mode d'une lutte contre un passé qui menace de se répéter – dans *The Portrait of Jennie* – ou sur le mode, dans *Obsession*, de l'explicitation d'un sens qui pourtant se dérobe toujours plus loin dans l'histoire, de

Hitchcock à la littérature et à l'art florentins, c'est la même *origine s'effaçant* qui institue le sens de la création « dans l'après ».

Le retard de la création se joue alors dans le rapport à un art plus ancien, à une série de productions de l'art industriel, à un genre, à une époque de l'histoire du cinéma ou à un film jadis inventeur de forme. Mais toujours, l'histoire fait des bonds et l'origine se perd. Les discontinuités de l'histoire du cinéma sont autant de ruptures, de trahisons du temps, qui rendent l'origine toujours plus lointaine, inaccessible, insondable, en même temps que la recréation toujours plus impérieuse, toujours plus enthousiaste et mélancolique à la fois.

C'est sans doute en déambulant dans les décors inoccupés des grands studios hollywoodiens, en arpentant ces rues irréelles, que les aspirations prennent forme ou se déforment. Joe et Betty, dans *Sunset Boulevard*, sacrifient à cette déambulation, bien avant Mia et Sebastian dans *La La Land*. La rime – très certainement voulue par Damien Chazelle, tant elle est évidente – a le mérite d'introduire une alternative, ou pour mieux dire, une tension dialectique entre les modalités de création « dans l'après ». Joe et Betty se promènent de nuit. Les rues sont vides, les films ne sont pas « en train de se faire ». C'est en évoquant des souvenirs d'enfance que Betty dit son intimité avec ces lieux. Elle est une enfant de la balle, comme Mia se réclamera d'une tante elle-même comédienne. Mais pour Joe, ces lieux restent déserts. Non pas qu'il ne s'y trouve rien, mais parce que tout s'y est déjà passé. Joe les contemple comme autant de lieux où tout s'est déjà joué. Ce cinéma-là est tout-puissant pour lui, parce qu'il est au fond coulé dans le marbre – même si ce marbre n'est qu'un décor. Dans la nuit laborieuse qu'il partage avec Betty comme une matrice possible de création, il est en fait pétrifié devant ce qui a déjà eu lieu et le saisit. Wilder met ainsi en scène, jusqu'à céder la caméra à Erich von Stroheim pour les derniers plans du film, un retard de la création qui épuise toujours déjà tout élan. La création ne peut être en retard et être une *re*création sans courir le risque de la pétrification. Parce que créer dans l'après, c'est toujours, en quelque sorte, se pencher sur une tombe et s'en remettre aux morts, à des spectres qui ne laissent pas toujours de seconde chance.

La déambulation de Mia et Sebastian joue justement du contraste avec celle déjà vue dans *Sunset Boulevard.* Lumineuse, elle lutte pour s'ouvrir des possibles. Certes, la toute-puissance de la fenêtre de *Casablanca* peut pétrifier un instant ou en tout cas menacer du poids écrasant du chef-d'œuvre déjà accompli. Mais on travaille dans ces rues, on y tourne. Il faut s'arrêter, faire silence le temps d'un plan. Le cinéma est en train de se faire, dans son retard même. Mia évoque cette tante dont le souvenir nourrira le casting décisif qui lancera sa carrière. Et puis, on aperçoit aussi des décors intérieurs préparés pour une comédie musicale. Nous les retrouverons dans l'épilogue du film, précisément dans la séquence onirique qui n'est présente à l'écran que pour révéler son irréalité pour Mia et Sebastian.

La richesse et la complexité de cette séquence tiennent à ce que Chazelle y montre la polymorphie du retard de la création, sans en occulter la mélancolie. Certes, la paralysie menace et le jeune couple est encore loin d'être créateur. Certes, ils ne résorberont jamais le retard sur la forme de la comédie musicale, qui ne ressuscitera que de manière fantasmagorique. Mais entre cette hypostase de l'origine dans un passé intangible et sa présence fantasmagorique, se dessine la possibilité de se nourrir du *déjà vu*, de faire vibrer le retard comme lieu même d'une recréation. L'origine reste insondable et l'on peut alors recommencer – *recréer*.

index des noms propres

TABLE DES MATIÈRES

Achevé d'imprimer en août 2022
sur les presses de
La Manufacture - Imprimeur – 52200 Langres
Tél. : (33) 325 845 892

N° imprimeur : 220700 - Dépôt légal : septembre 2022
Imprimé en France